语言学概论

柳 琳 李红营 陈 祺 主编

河南大学出版社
HENAN UNIVERSITY PRESS
·郑州·

图书在版编目(CIP)数据

语言学概论 / 柳琳，李红营，陈祺主编. -- 郑州：河南大学出版社，2023.8
ISBN 978-7-5649-5579-3

Ⅰ.①语… Ⅱ.①柳… ②李… ③陈… Ⅲ.①语言学-概论 Ⅳ.①H0

中国国家版本馆 CIP 数据核字(2023)第 156312 号

责任编辑　马　博　王　珂
责任校对　时二凤
封面设计　马　龙

出	版	河南大学出版社
		地址：郑州市郑东新区商务外环中华大厦2401号　邮编：450046
		电话：0371-22860116(人文社科分公司)　网址：hupress.henu.edu.cn
		0371-86059701(营销部)
排	版	河南天明教育图书有限公司
印	刷	广东虎彩云印刷有限公司
版	次	2023年8月第1版　　　印　次　2023年8月第1次印刷
开	本	787 mm×1092 mm　1/16　印　张　15
字	数	207千字　　　　　　　定　价　49.00元

(本书如有印装质量问题，请与河南大学出版社营销部联系调换。)

前　言

"语言学概论"是各高校汉语言文学专业或汉语国际教育专业的一门专业必修课程,亦是一门语言理论基础课程。这门课程主要向学生介绍人类语言存在的一些普遍规律和共性,学生需要了解和学习其所属的语言学学科的基本概念、理论和方法。

本教材从"绪论"到"文字"共分九章。"绪论"部分主要介绍语言学学科的基本情况,使学生对其有一个基本的了解。第一章主要讨论了"语言的功能"这个话题,学习难度较低,学生学起来容易上手,也更能让学生感受到语言研究的价值和意义。第二章"语言的性质"内容较为抽象,主要介绍语言的本质属性,使学生认识语言的符号属性。从语言的功能到性质的认识,是对语言由表及里、由现象到本质的认识。第三章到第六章从共时视角介绍了语言系统要素——语音、词汇、语法、语义等方面的理论,也是本教材的主体部分。第七章简单介绍了语用研究方面的重要理论。第八章从历时视角介绍了语言发展演变方面的规律和现象等理论知识。第九章介绍了文字方面的基本理论。严格来说,文字不是语言系统的组成部分,不属于语言研究的范畴。但文字作为记录语言的符号,和语言有着千丝万缕的联系,极大地弥补了语言在时间和空间上信息传递的不足,对语言功能的发挥起着举足轻重的作用,在认识和研究语言的过程中,"文字"也自然纳入了人们的研究视野,因此语言学概论教材中都会设置"文字"一章内容。

总体而言,本教材的编写遵循由易到难、由整体到部分、由静态到动态的原则,并在每章结束之后以"知识框架图"的形式对章节内容进行小结,使学生能够从整体上把握章节的知识脉络。

以上九章内容编写分工如下:

绪　　论:柳　琳

第一章:李红营

第二章:柳　琳

第三章:柳　琳

第四章:李红营

第五章:李红营

第六章:李红营

第七章:李红营

第八章:陈　祺

第九章:陈　祺

本书的编写主要参考了国内比较权威的语言学教材及相关论著,对于学界大家通用的说法和资料未能一一注明出处,在此向这些著作的作者表示由衷的感谢!由于编者水平所限,本教材会存在不少缺点,祈盼各位读者提出宝贵的意见和建议。

柳琳

2023年8月27日

目 录

绪 论 ··· 1
  一、什么是语言学 ··· 1
  二、语言学的发展历程 ·· 2
  三、语言学的学科体系 ·· 5

第一章 语言的功能 ·· 8
  第一节 语言的交际功能 ·· 8
    一、语言的信息传递功能 ····································· 9
    二、语言的人际互动功能 ···································· 12
    三、语言在交际中的重要性 ·································· 14
  第二节 语言的思维功能 ······································· 15
    一、语言和思维的关系 ······································ 15
    二、语言思维功能的生理基础 ································ 19
    三、语言在思维中的作用 ···································· 20
    四、思维能力的普遍性和思维方式的特殊性 ·················· 21

第二章 语言的性质 ··· 25
  第一节 语言与言语 ··· 25
  第二节 语言的符号性 ··· 28
    一、符号 ·· 28

  二、语言符号 ………………………………………………… 31
 第三节 语言符号的系统性 …………………………………… 34
  一、语言符号系统的分层情况 …………………………… 34
  二、语言符号系统的组合关系和聚合关系 …………… 35
 第四节 语言是人类所特有的交际工具 …………………… 38

第三章 语 音 ……………………………………………… 41

 第一节 语音概说 ……………………………………………… 41
  一、语音是什么 …………………………………………… 41
  二、研究语音的学科 ……………………………………… 42
  三、语音单位的划分 ……………………………………… 43
  四、记音符号（国际音标）………………………………… 43
 第二节 语音的属性 …………………………………………… 45
  一、自然属性 ……………………………………………… 45
  二、社会属性 ……………………………………………… 51
 第三节 音 素 …………………………………………………… 53
  一、什么是音素 …………………………………………… 53
  二、音素的分类 …………………………………………… 53
  三、元音的发音 …………………………………………… 54
  四、辅音的发音 …………………………………………… 56
 第四节 音 位 …………………………………………………… 60
  一、从音素到音位 ………………………………………… 60
  二、确立音位的原则 ……………………………………… 61
  三、音位变体 ……………………………………………… 63
  四、音位的类型 …………………………………………… 64
 第五节 音位的聚合与组合 ……………………………………… 65
  一、音位的聚合 …………………………………………… 65

二、音位的组合 ·· 68

第四章　词　汇 ·· 73

第一节　词汇概说 ·· 73
　　一、词汇的定义 ·· 73
　　二、词汇的性质 ·· 74
　　三、词汇学及其分类 ·· 77

第二节　词汇的分类 ·· 78
　　一、词的分类 ·· 78
　　二、固定短语的分类 ·· 84

第三节　词汇的构造 ·· 87
　　一、语素及其分类 ·· 87
　　二、词的构造 ·· 90

第五章　语　法 ·· 95

第一节　语法概说 ·· 95
　　一、语法和语法学 ·· 95
　　二、语法单位 ·· 101

第二节　聚合规则 ·· 102
　　一、划分词类的标准 ·· 102
　　二、词类的层次系统 ·· 106
　　三、词性和兼类 ·· 106

第三节　组合规则 ·· 107
　　一、短语 ·· 107
　　二、句子 ·· 110

第四节　语法手段和语法范畴 ·· 111
　　一、语法意义与语法范畴 ·· 111

二、语法形式与语法手段 …………………………………………… 119

　　三、语言的形态类型 ……………………………………………… 126

第六章　语　义 ……………………………………………………… 130

第一节　语义和语义学 ………………………………………… 130

　　一、语义和语义单位 ……………………………………………… 130

　　二、语义学 ………………………………………………………… 132

第二节　词义分析 ……………………………………………… 135

　　一、词义 …………………………………………………………… 135

　　二、词义的聚合 …………………………………………………… 140

　　三、词义的组合 …………………………………………………… 143

第三节　句义分析 ……………………………………………… 144

　　一、句义 …………………………………………………………… 144

　　二、句义结构 ……………………………………………………… 145

第七章　语　用 ……………………………………………………… 151

第一节　语用和语用学 ………………………………………… 151

　　一、语用学的由来 ………………………………………………… 152

　　二、语用学的发展 ………………………………………………… 152

第二节　语　境 ………………………………………………… 154

　　一、语境的研究概况 ……………………………………………… 154

　　二、语境的研究内容 ……………………………………………… 160

第三节　言语行为 ……………………………………………… 162

　　一、奥斯汀(Austin)的言语行为理论 …………………………… 163

　　二、塞尔(Searle)的间接言语行为理论 ………………………… 165

第四节　会话结构 ……………………………………………… 167

　　一、会话的基本单位 ……………………………………………… 167

  二、会话的微观结构 …………………………………………… 168

  三、会话的宏观结构 …………………………………………… 171

第八章　语言的发展 …………………………………………………… 175

第一节　语言发展的原因和特点 ……………………………………… 175

  一、语言发展的原因 …………………………………………… 175

  二、语言发展的特点 …………………………………………… 179

第二节　语言的分化和统一 …………………………………………… 180

  一、语言的分化 ………………………………………………… 180

  二、语言的统一 ………………………………………………… 184

第三节　语言的接触 …………………………………………………… 185

  一、社会接触与语言接触 ……………………………………… 185

  二、语言成分的借用 …………………………………………… 185

  三、语言联盟 …………………………………………………… 188

  四、语言替换 …………………………………………………… 189

  五、语言混合 …………………………………………………… 191

第四节　语言系统的发展 ……………………………………………… 193

  一、语音的发展 ………………………………………………… 193

  二、词汇的发展 ………………………………………………… 195

  三、语法的发展 ………………………………………………… 196

第九章　文　字 ………………………………………………………… 200

第一节　文字的性质和作用 …………………………………………… 200

  一、文字的性质 ………………………………………………… 200

  二、文字与语言 ………………………………………………… 202

  三、文字的作用 ………………………………………………… 205

第二节 文字的起源和发展 ……………………………………… 207
  一、文字的起源 ………………………………………………… 207
  二、文字的发展 ………………………………………………… 212
第三节 文字的传播和改革 ……………………………………… 216
  一、文字的传播 ………………………………………………… 216
  二、文字的改革 ………………………………………………… 219

参考文献 …………………………………………………………… 225
附　录 ……………………………………………………………… 227

绪　论

内容提要："语言学概论"是中文类专业的一门基础课程,主要介绍普通语言学的相关理论,在学习具体的理论知识之前有必要对语言学这门学科有一个基本的认识。本章作为全书首章,主要介绍了语言学这门学科的基本情况,包括语言学学科的研究对象、发展历程和学科体系,力求帮助学生顺利地进入语言学相关理论的学习。

核心概念：语言学；语文学；历史比较语言学；索绪尔

一、什么是语言学

语言学,简单地说,就是研究语言的科学。语言自然就成为语言学这门学科的研究对象。语言这种社会现象对于大多数人来说,是再普通不过的现象了,我们每天都在使用它,醒着的时候在用,睡着了也有可能在用(比如说梦话),几个人在一起交流的时候会用,哪怕自己一个人待着也可能会自言自语,语言几乎存在于我们生活的各个角落,我们对它太过熟悉。可是语言是怎么产生的？我们又是如何学会使用语言的？为什么我们能够很好地使用自己的母语却不能讲出它的使用规则呢？诸如此类问题大部分人可能从来都没有去思考过,但在人类历史发展的过程中,却也引起了一部分人的思考,人类从此走上了认识和研究语言的道路。所以,**语言学是以语言为研**

究对象,研究语言的结构、发展和使用规律的一门科学。

二、语言学的发展历程

和其他学科一样,语言学学科的产生和发展也经历了一定的历史阶段。根据语言学的发展情况,我们粗略地将其分为四大阶段:语文学阶段、历史比较语言学阶段、现代语言学阶段、当代语言学阶段。

(一)语文学阶段

语言是文明和文化的载体,当文明发展到一定程度的时候,人类社会不只产生了语言,还产生了记录语言的文字,为了使文明能够继承和发展下去,人们不断用文字去记录已有的文明成果,于是在那些文明程度较高的地区就产生了很多关于政治、哲学、宗教、历史、文学等方面的文献典籍。但是随着历史的发展,语言发生了变化,记录语言的文字也发生了变化,人们阅读前人留下的文献典籍已经变得越来越困难,甚至无法读懂。也就是在这样的发展背景下,人们产生了比较强烈的认识和研究语言的需求,由此开启了语言的研究,进入了传统语言学阶段,也被称为语文学阶段。

世界范围内较早开始研究语言的都是文明程度较高的地方,即中国、印度、古希腊—罗马,后来被称为语言学的三大发源地。

1. 中国

早在先秦时期,我们中国就有一些哲学家开始探讨有关语言的问题。比如,关于"名""实"问题的讨论,荀子就提出"名无固宜,约之以命,约定俗成谓之宜,异于约则谓之不宜"[①]的观点。这和20世纪初提出的符号学理论不谋而合,时间却超前了很多。中国在语文学阶段主要以解读文言典籍的

---

① 杨朝明.荀子[M].开封:河南大学出版社,2008:304.

方式来认识和研究语言。文言典籍是用汉字来书写和记录,由于汉字形体的特殊性,解读这些典籍是不可能绕开对汉字的研究的,所以中国传统的语言研究主要从汉字入手,探求汉字的形、音、义三个方面,由此形成了统称为"小学"的文字、音韵和训诂之学。

2. 印度

印度是婆罗门教和佛教的发源地,这些宗教的教义最初靠口耳相传,后来使用梵文将其记录下来形成了很多宗教典籍。在语文学阶段,印度的语言研究主要就宗教典籍的解读工作开展。由于受宗教的影响,古代的印度人认为梵语是一种神的语言,神圣不可侵犯,所以在进行研究时,连一个字母、一个发音都非常谨小慎微,但这也使得他们对梵语的研究取得了很多成果,其中对构词法、词的分类以及语音等方面的认识,在当时是居于领先水平的,并对世界其他地区的语言研究产生了深远的影响。但由于所处时代的限制和地域文化等的影响,终不能在原地开花结果。

3. 古希腊－罗马

作为西方文明源头的古希腊,他们的哲学家也曾经探讨过"事物和其名称"之间的关系,同时在文字、语音、语法、修辞等诸多方面都进行了探索,但在语法方面的研究成就最大,他们以解读《荷马史诗》等古代书面文献为主要目的,形成了比较系统的语法学理论,并对后世和其他地方产生了较大影响。古罗马继承了古希腊的研究传统,将其应用于拉丁语的研究,但没有太大的突破。

纵观整个世界,语文学阶段的语言研究取得了很多成果,人们对语言现象有了更多的理性认识。不同地区的语言研究虽各有侧重,但就语言研究的动机而言却非常相似,都是为了给古老的经典文献进行注释。他们并不是自觉地去探索语言自身的发展规律,对当时的口语也不怎么关注,所以这个阶段的语言研究还不是真正意义上的语言学研究。**为了进行区分,我们把这种为解读经典文献而进行语言研究的学问称为"语文学"。**

(二)历史比较语言学阶段

随着社会历史的发展,科学技术水平的提高,进入 19 世纪以后,人们对语言的认识和研究取得了重大突破。

由于西方航海技术的发展,新大陆的发现,殖民时代迅速到来,人们有机会踏足异域,接触到自己母语以外的其他语言,促使人们对语言这种社会现象产生了更多的研究兴趣。

1786 年,英国派驻印度的大法官威廉·琼斯在印度加尔各答的学术会议上发表了著名演讲,他明确地指出印度的梵语和欧洲的许多古代语言具有高度的相似性,并大胆提出印欧语假设,认为印度的梵语和欧洲的语言来源于同一种更古老的语言。这一重大发现,引起了很多学者的极大兴趣,人们纷纷投入对相似性原因的探究当中。

当时,正值达尔文生物进化论风靡全球,学者们受其影响,将该理论应用到语言发展变化的研究当中,**通过比较不同语言之间的相似性,建立语言之间的亲属关系,并拟测他们的共同母语,由此形成了历史比较语言学。**

我们可以发现,19 世纪的历史比较语言学研究,人们不再是为了满足认识语言之外的其他需求,而是进入主动探索语言自身发展规律的阶段,研究对象自然也就不再局限于古代的书面语,同时将当时生活中的口语也纳入研究范围,研究的语言类型也越来越丰富,这一切都昭示着我们的语言研究步入了新的发展时期,语言学从此不再是其他学科的附庸,已成为一门独立的学科,走上了独立发展的道路。

(三)现代语言学阶段

19 世纪是语言学发展史上一个至关重要的时期,为日后语言学走向更加科学的发展道路奠定了坚实而稳固的基础。纵观 19 世纪的语言研究,历史倾向尤为突出,学者们几乎把所有的注意力都集中在探索语言的发生与发展的规律上。是否只需要关注语言的发展历史就足以认识语言的本质了呢?虽然语言是随着社会历史的发展变化而不断变化,但语言并不是瞬息万变,在一定时期内是有其相对的稳固性的。是否应该也关注一下语言的现状呢?对于这样的问题,19世纪末、20世纪初有很多学者都进行过思考,尤以瑞士的语言学家索绪尔(Saussure)成就最高。

索绪尔认为语言研究应该区分共时研究和历时研究,同时将对语言的共时(现状)研究提高到与语言历时研究同等的地位,强调了共时研究的重要性。20世纪初,在其著作《普通语言学教程》一书中提出了关于共时语言学的理论观点,丰富了语言学的研究对象和理论,为形成系统的现代语言学理论体系奠定了基础,被认为是现代语言学的奠基石,而**索绪尔被誉为"现代语言学之父"**,语言学研究走向新的历史发展时期——现代语言学阶段。

(四)当代语言学阶段

进入现代语言学阶段后,语言学又有了进一步的发展,形成了很多新的语言学流派。20世纪30年代,以索绪尔的语言学理论为基础,形成了结构主义语言学流派。该流派反对对语言现象进行孤立的分析,主张对语言进行系统的研究。根据研究侧重点的不同,又细分为布拉格学派、哥本哈根学派和美国结构主义语言学三大流派。20世纪50年代,出现了以乔姆斯基(Chomsky)为代表的转换生成语言学流派,主要讨论人类语言的普遍语法、生成能力、先天机制等方面,代表作有《句法结构》《句法理论的若干问题》等。大约与转换生成语言学流派同时期又出现了一个新的语言学流派——系统功能语言学流派,该流派强调语言与社会环境的联系以及语言的功用,代表人物是弗斯(Firth)和韩礼德(Halliday)。

语言学发展到现在,由于社会和学科发展的需要,主要呈现出交叉性和边缘性的特点。语言学和其他学科交叉融合发展的趋势越来越明显。

三、语言学的学科体系

随着语言研究的不断深入,人们对语言研究的视角和方法不断丰富,语言学逐渐构建起细密的学科体系。我们清楚,语言系统是由语音、词汇、语法等子系统构成,我们既可以研究某个特定时期内整个语言系统或某个子系统的发展状态,这属于共时语言学研究,比如现代汉语、古代汉语;也可以研究整个语言系统或某个子系统整个历史时期的发展变化,这属于历时语言学研究,比如汉语史、汉语词汇史。同时,我们既可以具体研究一种语言,这属于专语语言学,也可以通过多语言的比较探求世界语言的普遍规律,这属于普通语言学。这两种研究相辅相成,专语语言学的研究成果越丰富,越有助于普通语言学的研究,而普通语言学理论又能反过来指导具体语言的研究。以上都是针对语言本体进行的研究,属于理论语言学的范畴。

语言作为一种社会现象,与周围的社会环境有着非常密切的联系,同时与其他学科的发展也有着紧密的联系。语言学除了关注语言本体研究之外,同时开始探索语言与社会以及其他学科之间的关系,20 世纪 50 年代以后,形成了丰富多彩的应用语言学研究领域,最早的应用语言学学科是语言教学,人们将语言本体研究的理论成果运用到外语教学中,帮助人们学习外语。除此之外,还有社会语言学、心理语言学、认知语言学、神经语言学等。

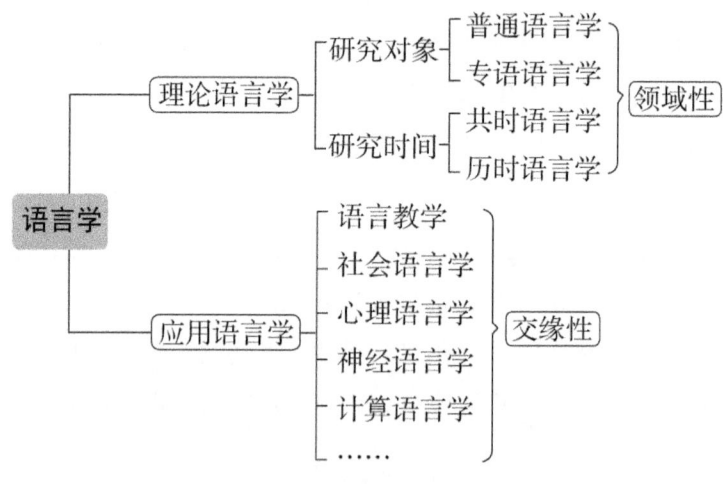

图 1　语言学学科体系

 本章知识框架图

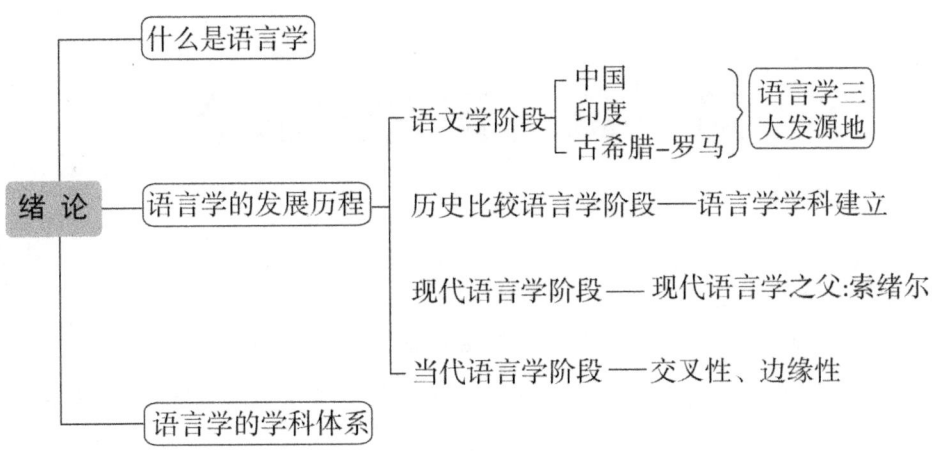

 思考题

1. 语言学的发展经历了哪些阶段？
2. 为什么说语文学阶段的语言研究不是真正意义上的语言学研究？
3. 语言学的应用价值有哪些？

第一章 语言的功能

内容提要：语言在社会生活中起着交际、文化、心理、认知等作用,如果没有语言,我们将无法很好地进行思维和交际。本章从语言的交际功能入手,阐述了语言的信息传递功能和人际互动功能,着重强调了语言在人类交际中的重要性;又从语言的思维功能出发,阐释了语言与思维的关系,描述了语言思维功能的生理基础和语言在思维中的作用,进一步论证了"思维能力的普遍性和思维方式的特殊性"这一观点。

核心概念：信息传递；人际互动；思维；思想；普遍性；特殊性

语言的功能,又称语言的职能,是指语言在整个人类社会生活中所起的作用。语言的功能是多方面的,既有交际功能、文化功能,还有心理功能、认知功能,其中交际功能是语言的基本职能,心理功能中的思维功能是语言的表达内容。

第一节 语言的交际功能

语言的交际功能是指借助语言这个媒介进行的交际活动,人们既可以通过语言传递信息，也可以通过语言交流思想，沟通情感。因而语言的交际功能分为信息传递功能和人际互动功能。

一、语言的信息传递功能

语言的信息传递功能是指人们通过语言表达内容和交流信息，是语言交际中最基本的功能。另外，人们除了使用语言进行交际外，还可以借助许多非语言形式的交际工具传递信息。

（一）语言的交际过程

语言的交际过程是由交际双方共同完成的。说话人通过语言发送信息，听话人通过语言接收信息，在这个过程中经历了编码、发送、传递、接收和解码五个阶段。

1. **编码**

说话人由于客观世界在头脑中的反映，产生了某种交际动机或意图，就会运用恰当的词语按语法规则进行编码。语言编码是大脑思考的过程，是不能直接同别人分享的，需要借助语言等媒介进行表达，因而编码是一种心理活动，属于内部语言的范畴。

2. **发送**

编码完成后，就需要通过一定的媒介把信息发送给听话人。信息发送的媒介是多种多样的，或通过发音器官，以语音的形式把信息发送出去；或通过大脑的书写中枢，以文字的形式把信息发送出去。

3. **传递**

由于语言交际在发送阶段可能使用说或写的活动方式，因而说话人将经过编码的信息表达出来时，它要么是一连串的音波，以空气为媒介向听话人传递；要么是书写符号，以文字为媒介向听话人传递。此时，信息渠道的畅通才能保证信息的正常传送,反之则会受到干扰影响信息的传送。

4. 接收

说话人主要通过说或写的活动方式将信息传递给听话人,那么听话人也就相应地采取这两种方式来获取信息。听话人既可以借助听觉器官来准确接收说话人发送的信息,也可以借助视觉器官来获取信息。

5. 解码

听话人听到或读到说话人的编码信息后,就会通过大脑的听觉器官或视觉器官对其进行"还原",从而理解说话人所要传达的信息。

随着科学技术的进步,话语信息不仅可以通过面对面,还可以通过电话、短信、录音或邮件进行发送和传递。但无论怎样发送和传递,在语言交际的五个阶段中,编码和发送这两个阶段属于说话人一方;传递阶段介于说话人和听话人之间,是双向的;接收和解码这两个阶段既属于说话人,也属于听话人。说话人得到的是自己编码信息的反馈,听话人得到的是新信息,当说话人发现信息有误时,就会重新编码和发送;听话人经过接收和解码,可能对说话人的话语信息听而不闻、视而不见,或转为说话人立即做出反应而开始新的编码和发送。语言交际就是这样在五个阶段中不断反复的。

(二)人类的非语言交际

在现实生活中,语言是人类最重要的交际工具,但不是唯一的交际工具。人们在进行社会交际时,除了运用语言传递信息外,还创造了很多交际工具,以补充、辅助和加强话语效果,使之运用全部感官去理解话语信息。这些人类的非语言交际在生产生活中起着重要作用,是辅助性交际工具。

1. 文字

文字是记录语言的书写符号系统,是最重要的辅助性交际工具。文字使语言由听觉器官感知的口头形式转化为由视觉器官感知的书面形式,克服了语言交际所受到的时间和空间限制,使信息可以传于异地,留于异时,扩大了语言的交际范围。

同语言相比,语言是第一性的,文字是第二性的,文字从属于语言。文字是在语言的基础上产生的,没有语言就没有文字,语言是伴随人类社会同时产生的,已经存在几十万年了,而文字是人类社会发展到一定阶段才产生的,只有数千年的历史。人类社会在极其漫长的历史进程中,没有文字的语言比有文字的语言多得多,甚至至今仍有不少民族没有文字。据统计,我国共有民族语言70种以上,但有文字的语言不超过20种。

2. 体态语

体态语是指人类在语言交际时伴随的有意识或无意识的行为动作,表现为说话时的身势、手势和面部表情等。在话语交际中,体态语与语言相辅相成、相得益彰,体态语可以弥补语言的某些不足,甚至有时可以脱离语言而独立完成交际任务。美国心理学家艾伯特·梅拉宾(Albert Mehrabian)对此提出一个公式[①]:话语信息的总效果=7%的词语+38%的声音+55%的面部表情。由此可见,体态语在话语交际中的重要性。

身势是指人体的姿势和动作,大多是后天从环境中习得的,是一个社会、民族千百年来约定俗成的。如大多数民族用点头表示肯定,摇头表示否定,也有一些国家(如匈牙利、斯里兰卡等)的人用摇头表示肯定,点头表示否定。手势是指通过手和手指的动作或形态进行交际或辅助语言进行交际。比较典型的就是听力残障人士使用的手语,含有30个指式,用来表示26个单独字母和4个复合字母;还有一些常见手势,如挥手表示否定、告别等信号,食指紧贴嘴唇表示安静,交警用手势指挥交通等等。面部表情是指脸部活动所流露出的情感信息,尤以眼神最为敏感。汉语中的"眉头紧锁""眉目传情""喜笑颜开""不动声色""察言观色""声色俱厉"等词语,都说明

---

① Albert Mehrabian. Nonverbal Communication[M]. Missouri: Transaction Publishers, 1972.

了面部表情与语言在交际中具有配合作用。另外,身体其他部位的动作也是一种体态语,如空间距离的远近关乎交际双方的亲疏关系,"促膝长谈"正是双方亲近关系的表现。

3. 其他辅助性交际工具

人类除了利用身体的动作外,还经常使用一些富有表现力的交际工具作为辅助性手段。如旗语、红绿灯、号声、擂鼓声以及花卉语,这些辅助性交际工具仅在有限的范围内使用,因而传递的信息也是有限的。旗语常用于航海领域,海军利用旗语进行联络、传递信息。红绿灯常用于交通领域,红灯停、绿灯行表现出不同颜色所带来的通行指令。号声、擂鼓声以前常用于军事领域,利用号声/鼓声的长短及其组合传递信息,战场上的进退、军营作息等都用它们传达。花卉语常用于情感领域,通过不同花卉的颜色、香味、形状等特点来表达情感思想,如玫瑰象征爱情,康乃馨代表母爱,百合花象征纯洁、长相厮守等,不同的花卉代表着不同的情感内涵。

总之,人类除了语言还有其他的交际工具,但这些交际工具都是从属性、辅助性的,只有语言才是最根本、最重要的。无论是什么交际工具,它所传递的信息内容都是有限的,而且离不开语言基础,它们在一定范围内实际上只是语言的替代品,没有语言的存在,这些辅助性交际工具不可能产生。人们进行信息传递时总是运用语言这个最重要的交际工具,并配合使用一些辅助性交际工具,来调整谈论事物的范围或领域。

二、语言的人际互动功能

语言的人际互动功能是指人们通过语言交流思想、沟通情感,以便建立和保持某种社会关联,此时语言就成为说话人和听话人之间的互动工具。 人际互动主要体现在两个方面:一方面是说话人在话语交际时借助语言表达自身的情感、态度和意图,听话人在接收说话人信息时,也了解到说话人

的主观情感态度,从而对此进行回应。例如:

[1]学生甲:昨天晚上不小心把手机从床上掉下去了。

学生乙$_1$:你也太不小心了,手机摔坏了没,下次注意些。

学生乙$_2$:太好了,你又可以换新手机了。

学生乙$_3$:活该,谁让你不好好上网课,天天就知道窝床上。

在上面例子中,是学生乙对不同语境情况下所进行的话语反馈。学生乙在接收到学生甲的话语信息时,同时也获取了他话语中所隐含的主观态度,对此进行了不同语境下的回应。学生乙$_1$表现出对对方不小心把手机从床上掉下去的感同身受,而非幸灾乐祸,提升了彼此间的人际关系;而学生乙$_2$和学生乙$_3$的话语表现出对对方行为的幸灾乐祸,很可能会引起对方的反感,未能共情学生甲的处境,不利于良好人际关系的维护。

另一方面说话人借助语言对听话人施加影响,并进行话语或行动上的相应反馈,从而实现某种交际效果。从信息传递的角度看,很多话语并没有传递什么实际信息,看似"废话",但从人际关系的建立和维护的角度看,此类话语在日常交际时却是必要的,起到"润滑"人际关系的目的,以便实现人际互动。例如:

[2]学生甲:来图书馆看书啊?

学生乙:早起跑步回来了啊?

例[2]是学生甲和学生乙在图书馆门前偶然碰到所产生的对话。他们的话语并不是询问对方的真实情况,而是在于寒暄,其主要目的不是传递信息,而是实现人际关系的互动。

另外,日常生活中的自言自语者或书籍阅读者,虽然只有说话人或听话人,似乎看不到对方,但是说话人在自言自语时,把自己作为了听话人,甚至有时是把一些客观事物(如"树洞""天""地"等)作为了听话人,来表达自身的主观情感和态度;阅读书籍者作为书籍信息的接收者,他们在接收作者话语信息的同时,也接收着作者的情感态度,并时不时地产生情感共鸣。这些情况下的话语交际,语言的人际互动功能依然是存在的。

三、语言在交际中的重要性

　　语言是一种最有效、最直接、最重要的交际工具,它用声音形式来表示意义,通过听觉器官来感知和理解话语信息。声音是由人的发音器官发出来的。人们选择声音作为语言符号的形式,一是使用方便,走到哪里,这些发音器官便"跟"到哪里。二是容量最大,几十个语音单位通过排列组合组词造句,把现实世界中的事物或现象逐一表达。三是效果最佳,不管多么复杂的道理、多么动人的情感,都可以用语言表达出来。随着社会的不断发展,那些辅助性交际工具将会以更多信息载体的形式出现并为人们广泛使用,在交际中发挥着重要的作用,但其在人类社会实践活动中的重要意义始终是不能和语言相比的。

　　交际功能是语言的基本职能,语言的其他社会功能都是从交际功能中发展出来的。语言的交际功能是否实现,取决于该语言所服务的社会。社会的进步、生产力的发展,决定了语言交际功能能否充分发挥。语言的交际功能具体表现在其使用者身上,并随着交际语言的变化而出现相应的状态改变。长期远离人群、孤独生活的人,他的语言能力会逐渐衰退。身为跨国公司的员工,在家里与子女谈论生活时宜说母语,在公司尽量与所从事职业保持一致,与同事谈论工作时宜说第二语言。

　　因此,语言是人类在传递信息和人际互动功能中最重要的交际工具,贯穿人类生活的各个方面,最能充分交流思想、传递话语信息。

第二节　语言的思维功能

语言的思维功能是指借助语言这个载体进行思维的一种心理现象。要正确理解语言的思维功能，就必须深刻认识语言和思维的关系，正确理解语言思维功能的生理基础和语言在思维中的重要性，以及思维能力的普遍性和思维方式的特殊性。

一、语言和思维的关系

语言与思维存在复杂的内在联系，这个问题涉及语言学、逻辑学、心理学等诸多学科。我国著名语言学家伍铁平在《语言与思维关系新探》中提出了自己的语言观：思维决定语言。思维比语言先出现，思维不依附于词语，离开语言仍然可以存在，但语言对于思维却不具有决定性的作用。美国语言学家萨丕尔（Edward Sapir）及其学生沃尔夫（Whorf）提出了语言决定思维的观点，即"萨丕尔－沃尔夫假说"（The Sapir－Whorf Hypothesis）。语言是思维的纲领和指南，人们借助语言对客观事物进行分类，思维无法脱离语言而存在。可见，语言和思维的关系仍旧是各领域学者争论的焦点。语言对思维具有重要的影响作用，思维反过来也对语言的使用带来影响，二者构成了既统一又对立的双重关系。

（一）思维及其类型

1. 思维与思想

思维是人的大脑对客观世界的反映过程，是人类认识过程的高级阶段。

人们接触到客观事物时,在对其感知的基础上以已有的知识和经验为媒介,进行分析和综合,以便实现概括事物本质特征的理性认知形式。如"考虑""沉思""设想"等都是思维活动的表现形式。

思想不同于思维。**思想是人们对现实世界的认识,是思维过程的结果,而思维是动脑筋的过程,是形成思想的过程**。在日常生活中,人们用什么方法思考问题、想得多想得少,这种动脑筋去想的活动就是思维;人们用不同的方法去想而得到的不同认识,想得多想得少也可能得到不同的认识,这些动脑筋想出来的结果就是思想。

思维具有间接性和概括性两个特征。思维的间接性是指人们无需直接经验,凭借某些媒介与其他事物间的联系对感官不能直接把握的事物进行推断。如侦探可以通过案件的一些线索推断出凶手和作案过程。思维的概括性是指人们通过对具体事物的特征进行提炼、分析而概括出同类事物共同的本质特征以及同类事物间的必然联系。如通过对麻雀外形和活动情况的观察,运用思维来归纳鸟的本质属性:有羽毛、卵生,再通过思维,分析鸡、鸭与鸟类间的联系,最终才把不会飞的鸡、鸭列入鸟类。

2. 思维的类型

根据思维过程中凭借物或思维形态的不同,思维可分为直观动作思维、具体形象思维和抽象逻辑思维。

直观动作思维,又称操作思维、实践思维,是指在思维过程中直接感知思维对象,并通过思维者自身的动作去影响思维对象的活动。客观事物的本质特征和规律性联系就表现为可感知的并将动作作用于思维对象之中,其思维媒介就是直观动作和客观的可感知的具体事物。例如,幼儿在学习简单计数和加减法时,往往借助手指进行运算,数手指的动作一旦结束,其思维也就停止了。成年人也有直观动作思维,汽车修理工在对汽车进行检修时,必须伴随看、摸等直接感知的动作进行思维,直至发现问题并排除故障。

具体形象思维，又称表象思维，是指运用事物的具体形象对表象所进行联想的思维。其中，这里的表象就是客观事物的具体形象在头脑中的保留。客观事物的本质特征和规律性联系表现在新形成的表象和表象的组合之中，其思维媒介就是客观事物的表象。例如，日常人们游戏中的角色扮演，既要遵守规则，又要按照游戏主题来行动，这就是依靠其头脑中关于角色、规则和行动计划的表象来思维和解决问题。但成年人与儿童的具体形象思维有着本质的区别，成年人是对客观事物的表象进行加工改造的思维，如艺术家构思一幅画等，都是概括的形象思维；儿童则是对客观事物的表象进行直观的、非本质特征的笼统反映，是一种具体的形象思维。

抽象逻辑思维，又称抽象思维、逻辑思维，是指以抽象的概念为支柱，运用判断、推理等逻辑形式对事物的本质和内在联系进行认识的思维。客观事物的本质特征和规律性联系表现在概念、判断和推理之中，而概念、判断和推理必须依赖语言来完成和表达，其思维媒介就是语言和文字。例如，"英雄"这个概念，就是对抗疫勇士、消防卫兵、戍边战士等所有具体"英雄"进行概括比较，舍弃其职业、性别等非本质特征，概括出"才能勇武过人的人、有英勇品质的人"这一本质特征。另外，我们幼时喜欢问为什么，就是想探索事物内部的奥秘，试图了解事物间的因果关系，这就是幼时抽象逻辑思维活动的表现。可以说，抽象思维是人类最主要、最高级的思维状态。

语言在这三种思维活动中的作用是不同的。人们在进行直观动作思维与具体形象思维时，语言不一定参与，因而将直观动作思维和具体形象思维合称为非语言思维；在进行抽象逻辑思维时不能离开语言，因此称抽象逻辑思维为语言思维。无论是哪一种思维，以语言为工具的抽象逻辑思维都起着主导作用，组织和制约着思维的全部过程。一个人只有具备抽象思维能力，思维才有可能得到突飞猛进的发展。

（二）语言与思维的统一性

语言与思维是密不可分、相互依存的。思维是语言的表达内容，语言是思维的表现形式。

一方面语言离不开思维。语言是音义结合体,一旦脱离语义内容,便不能起到交际作用。如果没有思维,语义内容就很难形成,词义间的联系以及与客观事物的连接也就无法建立。语义内容是概括化的思维,语言及其语义内容也正是靠思维的日益充实和丰富而不断深化和发展的。

另一方面思维也离不开语言。思维是人类的精神活动,需要借助语言来实现,人们通过语言才能把一类客观事物共同的本质特征概括出来。语言是思维的载体,是形成和表达思维的重要工具,离开了语言,人脑就不能反映客观事物的本质特征与事物间的内在联系。

另外,语言能力与思维能力也是相互促进、共同发展的。人类的语言能力随着思维能力的发展而发展,人类经验的积累和传承(思维能力)则主要依靠语言来实现。一般来说,语言能力强的人思维能力也强,思维能力强的人语言能力也强。

(三)语言与思维的区别性

语言与思维属于不同的范畴,存有很多区别,主要体现在以下几个方面:

一是性质不同。语言属于物质范畴,这是因为语言是人们进行思维和交流思想的工具,是一种音义结合的符号系统,语言的单位——语素、词、短语和句子都是以声音为物质外壳的。而思维属于精神的范畴,这是因为思维是人的认识活动,是人们对客观事物的本质及其规律的一种主观认知过程,是以意识的形式存在的。

二是职能不同。语言的职能是充当交际工具和思维工具,它既是音义结合的符号系统,帮助人们进行交流和沟通,也是思维的重要工具。而思维的职能在于反映客观现实及其规律,帮助人们认识和能动地改造客观世界。

三是规律不同。从结构规律看,语言具有民族性,不同民族的语言与特定的历史、文化、社会相联系,具有很大的差异。无论是语音、词汇,还是语法,它们都各不相同,以致于不同语言之间一般不能通话。而思维具有全人类的共性,只要是头脑正常的人,不分国籍、民族、性别等,他们对同一事物的认识大体相同。可见,语言具有民族性,不同的语言之间表达方式存在差异,难以等值翻译,而思维具有全人类性,不同语言可以互译,各民族可通过语言转换交流思想,增进情感。

二、语言思维功能的生理基础

人们之所以具有语言的思维功能,是因为具有语言的生理基础,与其他灵长类动物相比,人类是唯一具有语言专门化功能的生理基础的物种。

人的大脑是人体最重要的器官,重约1.5千克,是人类语言活动和思维活动的重要源泉。大脑分左、右两半球,中间由胼胝体(俗称"脑桥")连接,成为两个半球信息交流沟通的通道。大脑的左、右半球看似对称,但在结构和功能上存在诸多不同。左半球(俗称"左脑")负责右半身的动作,如书写、说话、计算等心理活动,具有连续性、分析性等功能;右半球(俗称"右脑")负责左半身的动作,如想象、舞蹈、情感等,具有不连续性、整体性等功能。对于每一个具体的人来说,左右脑的发育速度和水平呈现出不均衡性,这就导致了它们出现偏性功能专门化发展的差异,从而使人在某个领域中发挥特殊的才能。有的人在使用大脑时偏重"左脑",成为科学巨匠;有的人使用大脑时偏重"右脑",成为天才艺术家。

大脑的左、右两半球具有不同的高级功能,如躯体运动区、躯体感觉区、视区、听区和语言功能区,其中语言功能区主要位于左半球。大量临床研究表明:左侧大脑皮层的额叶和颞叶的某些区域("左脑"前半部)与语言有关,称之为说话中枢,又称布洛卡区,是法国神经解剖学家保罗·布洛卡(Paul·Broca)于19世纪60年代发现的,这些区域的损伤就会引起失语症,患者丧失说话能力，但能听懂别人的话。大脑优势半球额叶中部后侧脑回部的运动性书写中枢，靠近布洛卡区，也位于"左脑"前半部，这些区域的损伤就会引起失写症，患者失去写字、绘画等精细动作的能力，但手部的其他运动并不受影响。大脑优势半球颞叶后部的视觉性语言中枢，位于"左脑"后部，这些区域的损伤就会引起失读症，患者的视觉和其他语言活动功能仍是健全的，但无法看懂文字的含义。大脑优势半球颞上回后部的听觉性语言中枢，靠近视觉性语言中枢，又称韦尼克区，是德国神经学家卡尔·韦尼克（Carl·Wernicke）于1874年发现的，这些区域的损伤就会引起听觉性失语症，患者可以讲话和书写，也能看懂文字，但听不懂别人的讲话。

人脑两半球虽然在高级功能上各有优势，但在实际情况下其优势则是相对的。"左脑"除了大致的语言功能分区外，还有一定的非词语性认识功能，"右脑"也有一定的简单语言活动功能。根据人脑两半球的优势功能，有意识地保持左右脑功能的均衡开发，有利于提高日常学习和工作效率。这些研究成果足以诠释人们的语言思维功能所具备的生理基础。

三、语言在思维中的作用

我们在前文提到抽象思维是人类最主要、最高级的思维形式，在"语言与思维的统一性"方面则提到思维离不开语言，语言是思维的载体，是形成和表达思维的重要工具。下面将结合抽象思维与语言的关系来看语言在思维中所起的作用。

（一）抽象思维过程中以语言为工具

语言是形成和表达抽象思维的重要工具，主要表现在两方面。一方面是抽象思维中的概念以词和短语为主要形式，而概念是抽象思维的基本单位。人们在认识客观事物过程中通过对具体事物的抽象概括形成概念，但概念的存在依赖于其固定的形式,这就是语言中的词和短语。如"英雄""勇士""毕业典礼""北大考生"等都分别表达了一个概念,前两个是词,后两个是短语。没有固定形式的意识,很难成为概念,因而没有词或短语的语言形式,抽象思维活动就无法进行。

另一方面是语言在抽象思维进行判断和推理过程中所起的作用。抽象思维的基本过程就是以概念为支柱,运用判断和推理等逻辑形式对事物的本质和内在联系进行认识。所谓推理,是指由一个或多个已知的判断为前提推出新判断(结论)的过程,也就是说,抽象思维过程是一系列的判断过程。有实验表明,作为正常人的我们在进行思考时,发音器官的肌肉会表现出一些细微的动作,这说明人们进行抽象思维时是伴随语言的,也正是语言参与抽象思维的重要证据。

(二)抽象思维的结果主要由语言表达

语言是思维的载体,抽象思维的结果即思想,不管其形成过程是怎样的,最终的思想主要表现为清晰的语言形式。"言为心声"便是说语言是用来表达思想的。人们生活在社会中就需要彼此交流思想,这就需要借助语言来表达自己的想法。只有依托于语言,人们才能把复杂的道理简单化、清晰化,以便深刻阐释抽象的概念或客观事物。

同时,思想除了语言形式外还有其他的表达方式。如美术家通过线条和色彩所勾勒出的图画形式来表达思想,舞蹈家通过形体和节奏所展现出的舞蹈形式来表达思想等。而这些表达方式在表达思想时往往是比较模糊的,一旦缺少语言的介入,人们对美术家或舞蹈家所表达思想的理解则会因人而异。因此,思想的其他表达方式往往需要借助语言。

四、思维能力的普遍性和思维方式的特殊性

我们在前文"语言与思维的区别性"方面提到:思维具有全人类的共性,

不同民族的人对同一事物的认识大体相同,因而体现出思维能力的普遍性;不同民族的语言与特定的历史、文化、社会相联系,特定的语言形式对特定民族的思维产生反作用,因而形成了思维方式的特殊性。

(一)思维能力的普遍性

人类面对世间万物的客观现实是基本相同的,并世代积累和传承,而大脑的生理构造、质地也是一样的,因而具有共同的思维能力。不同民族、不同肤色的人都有认识复杂社会和自然现象的能力,如人们通过对"向日葵"的观察,就有可能得出该植物所具备的相同或相近特征,并与其他的类似植物区别开来。因此,思维能力没有民族性,全人类都一样,具有普遍性。

正因如此,不同民族的人们有能力认识相同的事物,使得同一部优秀著作或电影可以在全球发行推广。值得注意的是,处于不同历史时期、不同发展阶段的民族,由于彼此间生产力水平和科学文化水平等差异,他们思维发展的成熟程度存在偏差,但他们的思维能力基本上还是趋于一致的。

(二)思维方式的特殊性

不同民族具有共同的思维能力并不意味着具有相同的思维方式。相反,它们不是一回事,彼此表现出较大的差异。语言离不开思维,思维也离不开语言,二者密不可分,相互依存,一旦语言出现差异,其思维方式也会有所变化。世界语言有五千多种,分为印欧语系、汉藏语系、南亚语系等,这些语言被不同的社会团体使用,它们之间既有共同点也有明显的差异性。虽然思维能力具有全人类性,但使用不同语言的民族在思维方式上会有所不同。由于每种语言都蕴含了该民族认识客观世界的特殊方式,人们习得一种语言也就习得了该民族独特的思维方式,因而思维方式与民族性紧密相连,具有特殊性。

思维方式具有特殊性,是因为语言与特定历史、文化、社会相联系所形成的音义结合的符号系统,是约定俗成的产物。同一概念在不同民族语言中可以用不同的语言形式来表达;不同民族语言可能采用不同的语法规则来表示相同意思的句子。如在词汇方面,汉语用"主席"和英语用"chairman"来表示"一个团体或国家的最高领导人",汉语称"主席"是因为汉民族讲究尊卑有别,长幼有序,所以称坐主要席位的人为"主席";英语称"chairman"来源于其形式意义"椅子上的男人",即坐椅子的人就是主席,其中"man"也体现了重男轻女的有关信息。在语法方面,汉语名词的特点是"名词可以受数量短语修饰名词",汉语通常在可数名词前加量词,与数词形成数量短语来修饰名词,如"一头牛""两本书"等,而英语常使用冠词或数词(a/an/the 等)来修饰名词,如"a cow""two books",必要时可数名词需标明是单数还是复数,因而外国人学汉语时易受其母语思维的影响而漏掉量词。再比如在语法方面,汉语与英语的疑问句亦存在差别,如英语"Will you come?No, I won't."转换为汉语为"不,我不愿意。"与英语"Won't you come?No, I won't."转换为汉语为"是的,我愿意。"同样的英语回答,不一样的汉语答语,从中可以看出汉语着眼于听话人言语行为的性质,而英语着眼于说话人言语行为的否定性质,却不管听话人是否否定。

综上所述,思维能力的普遍性和思维方式的特殊性,与语言的性质密切相关。语言在思维能力方面具有全人类的普遍性,人类认识的客观对象相同,思维的内容也就相同;语言在思维方式方面具有不同民族的特殊性,约定俗成的语言符号系统会随着不同民族的社会历史文化的发展而发展、变化而变化,从而影响思维方式发生相应的变化。一花独放不是春,百花齐放春满园。我们应怀着开放包容的态度尊重不同民族思维的特殊之处。

本章知识框架图

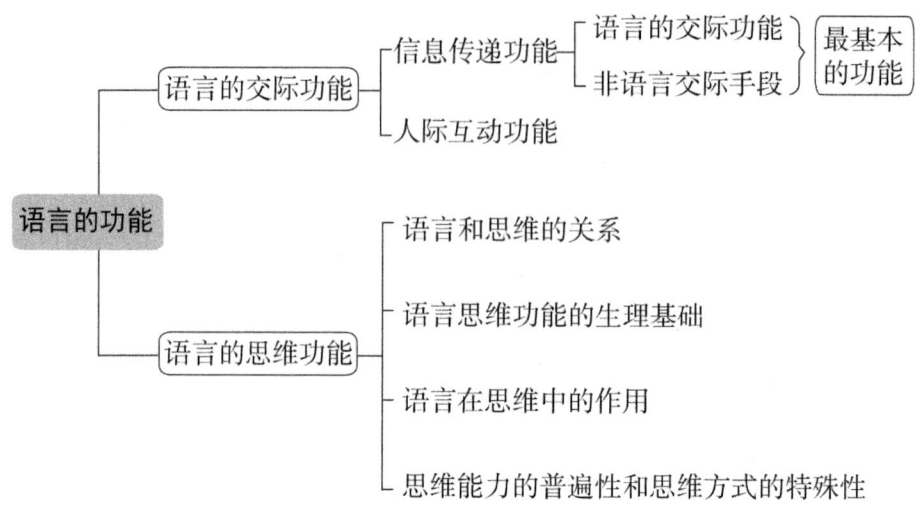

思考题

1. 如何看待日常生活中的辅助性交际工具？
2. 什么功能是语言功能中最基本的功能？
3. 为什么说语言是人类最重要的交际工具？
4. 简述语言与思维的关系。
5. 简述思维的类型。
6. 举例说明思维能力的普遍性和思维方式的特殊性。

第二章　语言的性质

内容提要：语言作为语言学的研究对象，我们必须搞清楚的是它的性质问题，否则就无法清晰地展开对语言的研究。本章首先通过对"语言和言语"这对概念的比较分析，明确了语言学学科术语"语言"的内涵，然后重点介绍了语言的符号性，最后进一步谈论语言符号的系统性。

核心概念：语言；言语；符号；任意性；线条性；组合关系；聚合关系

第一节　语言与言语

我们都知道，语言学是研究语言的科学，所以语言自然就是语言学这门学科的研究对象。这似乎是个很容易回答的问题。但如果进一步追问，既然我们要研究语言，那我们应该研究语言的哪些方面呢？从什么视角进行研究才能抓住语言的本质呢？这个问题显然又不那么容易回答。在不同的历史时期，学者们给出了不同的答案。在语文学时期，学者们关注的是对语言的阐释。到了19世纪的历史比较语言学时期，学者们转向关注语言的历时研究。进入20世纪，现代语言学家索绪尔提出了语言研究要重视区分共时研究和历时研究，共时研究的重要性得到学术界的关注。在此基础上，索绪尔又进一步区分了在语言的共时研究层面比较重要的一对概念——语言和言语。这对概念的区分不仅重要,而且十分必要。只有将这对概念区分开,我们才能搞清楚语言学所探求的"语言"到底是什么,我们去研究语言的什么内容才能从根本上认识清楚一种语言。

我们在去研究语言这种现象的时候,一定得去观察人们是如何使用这种语言的。一种语言的使用者是很多的,倘若我们在认识一种语言的时候需要把每个人说出的句子一一研究,我们是没有办法做到的。因为每个人一生使用一种语言说出的句子的量是不计其数、难以统计的,如果研究所有说这种语言的人说出的句子,那就更不可能了。那我们应该研究语言的什么内容才能从根本上去把握一种语言呢?

如果我们仔细回想一下自己使用语言的过程,大家就会发现,纵然人一生中使用一种语言说出的句子是无限的,但是在这无限的话语当中,却潜藏着一些有限的东西,一种语言需要用到的语音、词汇以及组词成句的语法规则其实都是有限的。事实上,一个人从牙牙学语到自如地使用自己的母语,正是因为掌握了这套由有限的语音、词汇和语法规则构成的语言系统,才能说出他想要说的话。所以,**语言学所研究的"语言",指的正是由这些有限的材料和有限的规则组成的系统**,而不是指每个人说出的话语。为了很好地区分这两种现象,我们**把每个人说话的行为以及说出来的话语叫"言语"**。

从以上分析中,我们可以看出语言和言语是有很大区别的。首先,语言是有限的,而言语是无限的。

其次,有限的语言系统是需要语言学家透过具体的言语活动进行归纳概括才能找到的,一种语言中有多少种音,使用多少个词,有哪些语法规则,都不是直观地展现在人们面前。就拿我们自己非常熟悉的母语来说,就算一个人母语使用水平很高,但是如果要他来说说这种语言的语法规则,他也不一定能说得清楚。可见,语言是抽象的,而言语却是非常具体的,一个人在什么地方什么时间说了一句什么样的话,这是一种人们可察可看可听的活动。

　　同时，语言是具有全民性的，语言属于全体社会成员，无论你是什么身份，大家都使用这套语言系统的语音、词汇和语法规则；而言语是个性化的，虽然我们都使用这套语言系统，但是在发音、词汇的选择和表达习惯上都会带上个人的风格，就像不同的作者在写作时都会具有自己独特的语言风格一样。

　　虽然，语言属于全体社会成员，看上去语言十分慷慨，但事实上当你选择使用一种语言的时候，就没那么自由了。说话时选择什么材料，遵循什么规则都不是自由的，必须服从整个社会的习惯。可见，语言是具有强制性的。当然了，只要在语言的规则范围内去使用，每个人就可以想说什么就说什么，想什么时候说就什么时候说，所以言语又是相对自由的。

　　语言和言语之间既有一定的区别，同时又是相互联系的。虽然语言学家研究的是抽象的语言系统，但是又必须从对具体言语现象的观察开始。没有对丰富的言语现象的调查与感知，是无法把说话时反复使用的材料和规则找出来的，所以抽象的语言系统是存在于具体的言语现象之中的。同时，人们进行言语活动的过程也是对语言系统运用的过程，在这过程当中，言语又促进了语言的发展，使语言不断地丰富。比如，语言中不断涌现的新词正是言语推动语言发展的体现。

　　为了形象地说明语言和言语之间的关系，索绪尔还把语言和言语生动地比作下棋时使用的棋子、规则和棋局。棋子和规则相当于语言，是有限的，是所有下棋的人都要使用的，而这棋局就相当于言语，是无限的，下棋的人利用这数量有限的棋子和规则就能摆出变化丰富、各不相同的棋局。

第二节 语言的符号性

一、符号

从符号的视角来认识语言的本质是索绪尔的又一重大理论贡献。要想认识清楚语言的符号属性,首先要搞清楚符号现象。

(一) 什么是符号

所谓符号,简单地来说,就是一种记号或者标记。当我们用 A 事物来表示 B 事物时,A 事物就可以看作是 B 事物的符号。 比如在一些古装剧中经常出现这样的情节:一群人因为某些原因需要分头行动,为了让对方知道自己行走的路线,于是相互约定在经过之处刻下某个记号。大家循着这个记号就可以找到彼此。人们用刻下的记号来表示自己经过的地方,这个刻下的记号就是一种符号。其实符号现象在人们的日常生活中很常见,人类社会须臾都离不开符号。课堂的铃声是表示上下课的符号,交通信号灯是表示禁止与通行的符号,盲道是表示盲人行走路线的符号。还有很多符号现象直接就称作"某某符号",比如数学符号、标点符号、化学元素符号等等。

(二) 符号的构成

符号由两部分构成,一部分是符号本身,是人们的感官可以感知的,我们把它称为形式或能指,比如课堂铃声是听觉可以感知的,交通信号灯是视觉可以感知的,盲道是触觉可以感知的,根据感知情况的不同,我们可以把符号分为视觉符号、听觉符号和触觉符号三种类型。

另一部分是人们通过感官的感知所接收到的信息,我们把它称为意义或所指。比如,当我们听到课堂的铃声,我们就知道要上课或者下课了。这就是课堂铃声这个符号所代表的意义所在。所以符号是由形式和意义两部分构成的。

(三) 符号的特征

1. 形式和意义结合的紧密性

构成符号的形式和意义是相互依存,不可分离的。只有二者结合在一起才能构成符号。没有哪一种符号是没有意义的。一种符号如果不再表示某种意义,它也就失去了符号的作用。比如,课堂的铃声如果不再用它来表示上下课,它就仅仅只是一种声音而已,不再是一种符号,失去了它之前所具有的作用或者价值。为了更好地说明符号的形式和意义之间的不可分离性,索绪尔用了一个形象的比喻,说符号的形式和意义之间的关系就如同一张纸的正面和反面一样无法分开。

2. 形式和意义结合的任意性

符号的形式和意义结合的任意性特征是判断一种现象是否是符号现象的关键指标。所谓符号的形式和意义结合的任意性是指其形式和意义之间没有本质上、自然属性上的必然联系,是全体社会成员共同约定的结果。要想理解清楚符号的"任意性"特征,有必要将另一种和符号现象类似的征候现象进行对比。

征候与符号的类似之处在于征候现象也是由形式和意义两部分构成的。所以,我们不能说只要是由形式和意义两部分构成的现象就一定是符号现象。

符号与征候的不同之处在于,符号的形式和意义之间的关系是任意的,某种形式的符号究竟用来表示什么样的意义纯粹是人为干涉的结果,我们既可以让某种形式的符号表示这个意义,也可以让其表示另外一个意义,可以不需要任何理由,纯粹是人们的意愿和约定使然。比如,我们非常熟悉的交通信号灯,这三种颜色的灯不是只能用来指示禁止和通行,也可以用来进行照明,或者用来起装饰作用。我们用铃声表示上下课,但这个铃声不是只能用来提示上下课,我们也可以用它来表示其他意义。而且学校也不全是用铃声来表示上下课,有的学校采用播放音乐的形式来表示上下课。这些例子都让我们看到了符号的形式和意义之间的结合具有任意性。

而征候的形式和意义之间的关系具有必然性,什么样的形式会传递出什么样的意义,是没有任何悬念和变化的,他们之间是一种天然的联系,我们往往通过事物外在的表现形式就可以去推断其表达的意义。比如,当看到乌云密布时,我们就会判断天快要下雨了。在山里赶路时,看到远处升起的袅袅炊烟,我们就会判断前面有人家。这些现象都属于征候现象。无论在中国还是其他国家,是在古代还是现代,乌云密布与即将下雨之间,袅袅炊烟和有人家之间,他们的联系都是如此,不会发生任何的变化,因为这是一种天然存在的联系。

3. 形式和意义结合的稳固性

在上面的论述中,我们提到符号的形式和意义的结合是具有任意性的,因为人类决定用什么形式的符号来表达什么样的意义可以有千万种选择,可以这样,也可以那样。

那为什么又说符号的形式和意义的结合具有稳固性呢?这是否与前面提到的有所冲突呢?答案是否定的。虽然我们选择用什么形式来表达什么意义非常地随意和自由,但这个情况仅就符号创制的阶段而言,而且不管我们最终决定了哪一种选择,这都是全体社会成员在世世代代的社会生活中集体的选择,共同的约定,不是由个人决定的。一旦某个符号在社会上产生以后,这个符号的形式和意义之间的关系在一定的时间范围内就被固化下来了。每个人从出生的那天起,就落入了一套现成的符号网,只能被动接受,没有随意更改的权利。

  为什么符号产生以后,其形式和意义之间的关系会呈现出稳固性呢?为什么不可以像符号创制之初那样任意更改他们之间的关系呢?如果随意更改会怎样呢?

  这就要提到"为什么要产生符号"这个问题。可以说,符号这种现象是人类社会发展的一种必然产物。从古到今,人类都是以群居的方式生活,人们在社会中从事各行各业都需要分工协作,朝着某个共同目标去完成一件事情。如果相互之间没有一个共同的约定,很难把事情做成,符号就这样应运而生了。它是全体社会成员智慧的结晶,是大家共同创造出来服务于人类自身的,所以不管是哪一种符号都具备功能属性,有它的价值所在。索绪尔曾把语言比作是"社会的契约"说的就是这个意思。既然符号是用来服务于大众的,就要符合大众的使用需求。一种符号创制好投入使用以后,只要能较好地满足大众的需求,就没有必要去更换其功能,更不能频繁随意地更换,不然这个符号的功能就会遭到破坏,也就不可能去满足人们的使用需求了。比如,交通信号灯,红灯代表停止,绿灯代表通行,如果突然有一天变成了红灯代表通行,绿灯代表禁止,很多人都不会接受,如果频繁地更换各种颜色的灯来指示交通,其结果就是人们站在路中央根本不知道到底是该走还是该停。由此可见,一种符号创制好以后,它的形式和意义之间的关系需要保证一定时间范围内的稳固性,才能很好地发挥其社会功能。

  所以,符号的任意性和稳固性特征看似矛盾,但其实并不矛盾,在不同阶段会表现出不同的特征。符号产生之初的确具有任意性,而在投入使用以后就需要有相对的稳固性。这两大特征也是符号的最本质特征。

二、语言符号

  语言也是一种符号,是人类社会长期发展的产物。与其他种类的符号相比,它是最高级、最复杂、使用起来最简便、容量最大的一种符号,是其他符号所不能比拟的。

语言作为一种符号,也是形式和意义的统一体。语言是用人耳感知的,所以语音就是语言的外在表现形式,人类在使用语言的过程中,用一定的语音来传递一定的意义,所以语言是一种音义结合的符号。

语言是一种符号,所以它同样具有任意性和稳固性,除此以外,它还有自己特有的属性——线条性。语言符号的任意性和线条性也是被现代语言学家索绪尔作为语言符号的基本性质提出的。

(一) 任意性

所谓语言符号的任意性是指在语言符号创制之初,单个语言符号的语音和语义的结合没有自然属性上的必然联系,纯粹是某一地域中全体社会成员约定的结果。人们究竟选择哪个语音形式和哪个具体的语义内容进行结合是不可论证的。

我们都知道,目前世界上已知现存的语言多达5000多种,倘若语言符号的音义关系是必然的,世界上应该只有一种语言才对。世界语言多样性的存在事实恰恰向我们证明了语言符号音义关系的任意性。同样的意义在不同的语言中往往会选择不同的语音形式来表达,例如"房子"的意思在汉语普通话中是用"fangzi"的语音形式来表达,而在英语中是"house"。而听上去类似的语音形式,在不同的语言中往往又表达不同的意义。赵元任先生曾讲过一个笑话,说一位中国老太太听到英语单词"water"的发音时以为是汉语的"窝头",还觉得外国人很奇怪,居然把"水"说成"窝头"。语言符号音义关系的任意性不仅在不同语言的比较中可以看出,即使是在同一种语言内部,这种关系也同样存在。"十里不同音"的现象就说明了一种语言内部各地方言存在较大的语音差异,音义的结合同样是任意的。

（二）稳固性

所谓语言符号的稳固性是指在语言符号创制完成投入使用以后，单个语言符号的音义结合关系就没那么任意了，在一定的时间范围内是相对稳定的。人们在出生以后，从学习到使用的都是一套现成的语言符号系统，大家都只能被动接受，不能随意更改。

虽然语言符号具有任意性，用什么音去表达什么意义不是唯一的，是可变的。但这仅仅是针对语言符号创制之初的情况而言的。语言作为人们日常生活中最重要的交际工具，是用来为人们服务的，必须满足人们交际的需要。如果音义关系随时可变，人们就没有办法好好使用语言了。但我们也很清楚，世界上的万事万物都处于变化当中。语言符号也不例外，同样是汉语，古代汉语和现代汉语的差异就比较大。所以语言符号不可能不发生变化，但作为交际工具又不可以随时变化，因此语言符号在创制完成投入使用以后具有相对的稳固性，在一段历史时期内不太会发生大的变化，处于一种渐变的状态。

（三）线条性

人们在日常生活中使用语言的时候，句子是语言交际的基本单位。大家一般都是一句一句地说话，而一句话中往往含有多个单词，也就是含有多个语言符号。我们是通过多个语言符号的串联来完成意义的表达，这一使用过程体现了语言符号的线条性。

所谓语言符号的线条性是指在语言的使用中，几个语言符号按照一定的顺序只能在时间的链条上依次出现，人们不能同时说出多个语言符号，只能说完一个再说一个。

语言的表达只能是一种线性的表达，因为语言符号使用了语音作为其物质载体，说话就是发音，语音的表达都需要花费一定的时间。而时间具有一维性，只能线性向前不可逆转，这跟我们的图表式的二维表达不一样。一维的表达是单向的,二维的表达是双向的,一张图表可以利用横向和纵向两个方向同时表达两个信息,如果更换为语言表达,只能在单一方向上随着时间的延伸而延伸。

语言符号的这一属性使得我们在认识一种语言时,非常注重语序的研究。不同线性顺序的排列可能会表达出完全不同的意义。例如,现代汉语中,"干不好"和"不好干"意思就天壤之别。

第三节 语言符号的系统性

把一种语言看成一个系统,是索绪尔倡导的结构主义语言学理论的基础。要想搞清楚语言符号系统的情况,我们有必要对系统有一个简单的认识。

所谓系统,是由若干相互联系、相互作用的要素按照一定的秩序和内部联系组合而成的整体。可见,系统的正常运转,都有赖于系统内部各要素有序规律地相互联系,语言符号系统也不例外。一种语言中的众多符号并不是互不相干的一盘散沙,而是共同组成了有组织、有条理的系统。简单来说,语言符号系统是一种分层装置,众多的语言符号通过组合和聚合这两种关系构成了有序规律的语言符号系统。

一、语言符号系统的分层情况

我们在给语言符号系统分层的时候,结合语言符号的构成和语言使用的实际,将语言符号系统分成了两层,底层是表音的形式层,上层是有音又有义的符号层。在形式层和符号层上面分别分布着大大小小不同级别的单位。这就是语言符号系统的两层性。

语言符号系统形式层上面的最小语音单位是音位,还有由音位和音位组合而成的更高一级的单位——音节。符号层上面的最小单位是最小的音义结合体——语素,还有以语素为基础,通过组合构成的更高级别的语言符号单位——词、短语和句子。表2—1可以很好地反映语言符号系统的分层情况:

表2—1　语言符号系统分层

形式层(底层)	音位➡音节
符号层(上层)	语素➡词➡短语➡句子

语言符号系统这个分层的装置有一个重要的特点就是形式层的最小单位数量大大少于符号层的最小单位数量,我们称之为"以少驭多"。一般一种语言中的音位有几十个,而语素有上千个。几十个音位何以满足几千个语素的注音需求呢?因为音位不直接用来为语素注音,而是通过相互的组合构成更大的语音单位才服务于语素的语音形式。几十个音位通过相互的组合使语音单位的数量翻番增量,完全可以满足几千个语素的注音需求。有了语素,通过相互的组合就可以得到几十万个词,词和词再通过相互的组合形成短语,进而形成数量无限的句子,就可以满足我们丰富多样的表达需求。

正是因为语言符号系统不管是形式层还是符号层,少量小单位都可以通过组合的方式构成大量大单位,从而实现了语言符号单位的翻番增量,这是一个非常经济高效且灵活的层级装置。我们在使用语言的时候也有这样的体会,大家每天都可以源源不断地说出新句子,但这句子的构成材料其实没那么新,无非就是那几十个音位和几千个语素的范围。究其原因,是因为"组合"这种方式的存在,实现了语言的无限生成性,我们只要掌握了这些小单位,在规则的范围内对他们进行灵活的组装,就可以说出符合自己表达需求的句子了。

二、语言符号系统的组合关系和聚合关系

纵观整个语言符号系统,其内部众多的语言符号主要通过组合和聚合两种关系有机地联系在一起。

所谓组合关系是指性质相同的语言单位按照一定的顺序排列在一起,形成了更高一级的语言单位,这些被排列的语言单位之间就形成了组合关系。例如,"我、吃、饭"这三个词相互组合构成了"我吃饭"这个句子,那么"我、吃、饭"这三者之间就构成了组合关系。通俗来说,组合关系其实就是一种搭配关系。既然是搭配,那就有单位之间能不能搭配(组合)和怎么搭配(组合)的问题需要思考,所以组合是有规则的,是有条件限制的。比如,我们只能说"我吃饭",却不能说"我喝饭",也不能说"饭吃我"。我们说"干不好"和"不好干",虽然都能说得通,但顺序变了以后意思也发生了很大变化。这些都说明了组合的顺序性很重要。

所谓聚合关系是指在语言单位线性组合的某一位置上,能够互相替换的具有某种相同作用的语言单位之间的关系。刚刚提到的"我吃饭"这个例子,在"我""吃""饭"这三个位置上我们都可以找到另外的词进行替换。例如,"我"的位置上可以替换成"他""你""小明""老王""妈妈"等等,替换以后,仍然可以保证句子成立。这个时候我们就可以说"我、他、你、小明、老王和妈妈"这几个词之间构成了聚合关系,"吃"和"饭"道理也一样,我们可以画一幅图来表示,横轴表示组合关系,纵轴表示聚合关系。

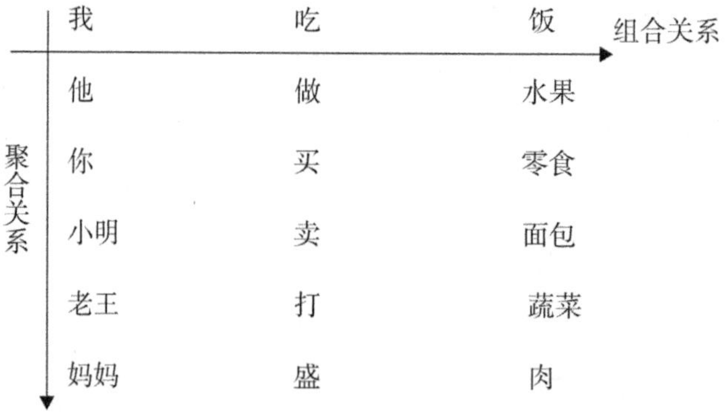

	我	吃	饭	组合关系
聚合关系	他	做	水果	
	你	买	零食	
	小明	卖	面包	
	老王	打	蔬菜	
	妈妈	盛	肉	

图 2—1 组合关系和聚合关系示意图

从上图中,我们会发现这些词之所以可以相互替换,是因为他们之间有相同之处,"我"这一列都可以作主语,"吃"这一列都是可以作谓语中心的动词,"饭"这一列都是可以作宾语的食物类名词。只有有相同之处的语言单位才有可能聚集在一起，进行相互的替换，所以把这些单位之间的关系称为"聚合关系"。而将有相同之处的单位聚集在一起的过程，其实就是对其进行分类的过程，故"聚合关系"其实也可以通俗地理解为"分类关系"，所以同类的语言单位之间都是聚合关系。

  组合关系和聚合关系虽然是两种不同的关系，但是他们之间却是相互依存的，不可偏废的。我们使用语言表达的过程是组合关系和聚合关系综合运用的过程，不能将其割裂开来认识。尤其是当我们说外语的时候，这种感受更加明显。首先我们需要根据自己的表达需求从头脑当中去筛选合适的词，如果大脑中没有一定的词汇储存量，你就无从筛选，所谓"巧妇难为无米之炊"。人类大脑中存储的词汇并不是杂乱无章地扔在头脑中，而是分门别类地储藏着，也就是说你的头脑中存放着一个又一个的词汇聚合体，是聚合关系的存在保证了我们有词可选。当词汇选好以后，根据组合关系的规则要求将其组合在一起，我们就可以表达出一个符合表意需要的完整的句子了。整个语言使用的过程中，组合关系提出规则要求，聚合关系提供词汇素材，这两种关系缺一不可。没有聚合，组合无从谈起；没有组合，聚合也就失去了存在的价值。只有综合运用，我们才能很好地使用语言，创造出表意丰富的无限话语。所以学外语的时候，既需要记单词，也需要学习语法规则，才能说出正确的句子。

  组合关系和聚合关系也是语言系统的两种根本的关系。构成语言系统的语音、语义和语法三个子系统内部的单位都处在组合关系和聚合关系当中。语法系统的情况已经在前面举例说明，这里主要谈谈语音和语义系统的例子。在语音系统当中，一个汉语音节 bian，声母 b 和韵母 ian 之间就是组合关系，声母 b 的位置还可以替换为 p 和 m，那么 b、p、m 之间就构成了聚合关系，他们三个是我们现代汉语的双唇辅音声母聚合群。在语义系统中，语义的搭配问题反映了组合关系，比如，在普通话中我们只能说"吃饭"，不能说"吃汤"，因为吃只能和具有固体食物类意义的词进行搭配。而同义词现象就反映了语义系统的聚合关系。由此可见，这两种关系贯穿于整个语言系统,是我们观察、认识和研究一种语言的钥匙。

第四节　语言是人类所特有的交际工具

　　从交际需求这个层面来说,不论是人类还是动物都有这方面的需要。语言是人类最重要的交际工具。那么动物使用的交际工具和人类的一样吗?动物是否也会像人类一样使用语言去进行交际呢?

　　根据目前的研究,人们发现动物之间的交际主要有三种方式:一种是利用气味和同伴进行信息的传递,蚂蚁通过分泌不同的化学物质就可以向同伴传递危险或进攻敌人的方向等信息;一种是通过叫声和同伴进行信息的传递,例如狼、狗等动物;一种是通过动作行为和同伴进行信息的传递,例如蜜蜂通过不同的舞蹈方式可以向同伴传递蜜源的方向和距离等信息。高级一点儿的动物一般会兼用几种方式来完成交际活动。

　　虽然动物的交际方式似乎还挺丰富的,确实也能传递一些信息,但是其与人类的语言交际方式是不能同日而语的。动物的"语言"和人类语言之间有着本质的区别。

　　第一,任意性程度不同。人类语言作为一种符号,具有较强的任意性,是某一地域的人们约定俗成的一种交际工具,是需要后天的学习才能获得的。而动物的"语言"主要是一种先天的生理机能,是一种生物性的本能。

　　第二,功能大小不同。语言作为人类最重要的交际工具,在人类社会发展的进程中起着十分重要的作用,它帮助人类进行信息的传递和情感的沟通,促进人类思维的发展。而动物的"语言"仅仅是帮助他们完成觅食、求偶和抚育下一代等生理性的需求。

　　第三,构造复杂程度不同。人类语言具有系统性、规律性和生成性,是一套复杂的符号系统,能够帮助人们表达丰富的信息。而动物"语言"能表达的内容本身就较为简单,是谈不上什么"系统"之说的。

第四,习得的方式不同。人类语言的习得既需要具备先天的生理基础,要有健康的大脑和发音器官,同时还需要后天的语言环境,人类才能学会说某一种语言,像"狼孩"现象就很能说明这个道理。而动物"语言"的习得是一种先天的遗传机制,是其与生俱来的一种能力。

第五,时空限制不同。人类语言对世界的反映能够超越时空的限制,我们追溯往昔,诉说当下,畅想未来,于此地述彼地,毫无障碍。而反观动物界,它们所谓的"语言"却只能帮助其反映此时此地的信息。

本章知识框架图

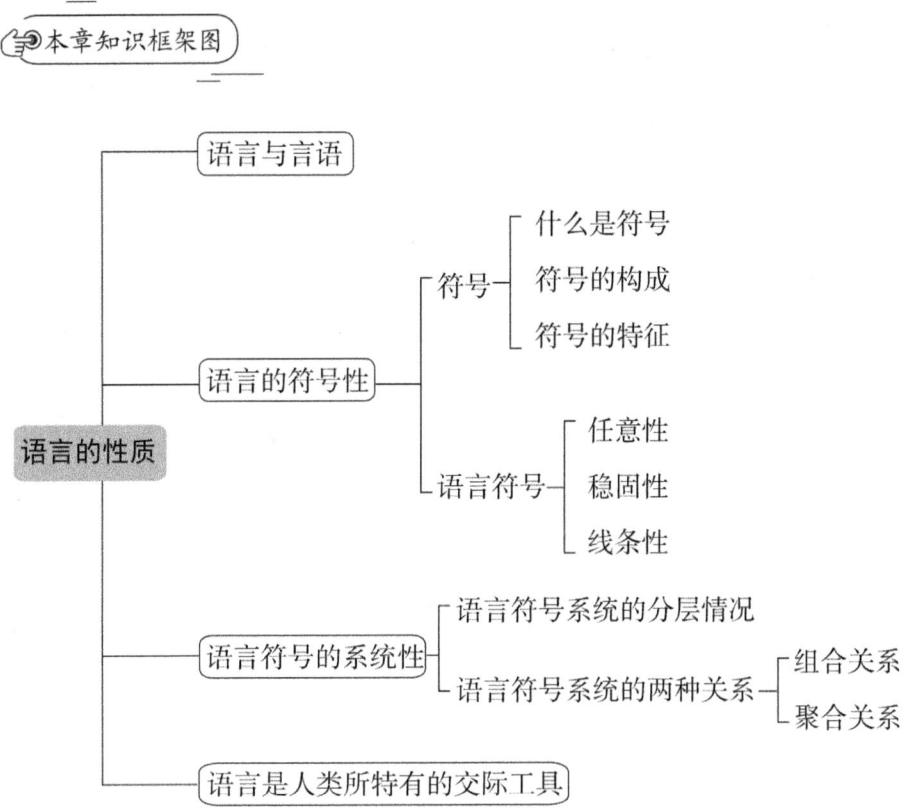

1. 语言和言语的区别和联系有哪些？
2. 符号和征候的区别有哪些？
3. 如何理解语言符号的任意性？
4. 如何认识语言符号的任意性和稳固性？他们相互之间冲突吗？
5. 如何理解语言符号的线条性？
6. 语言符号的分层情况是什么样的？
7. 如何理解语言符号系统的组合关系和聚合关系？
8. 人类语言和动物"语言"有哪些本质区别？

第三章 语 音

内容提要:语音作为语言的物质外壳,是人类信息传递的主要手段。从本章开始进入语言要素系统相关理论的介绍,本章主要从语音概说、语音的属性、音素、音位以及音位的组合和聚合等方面对语音进行全面介绍。

核心概念:语音;音标;语音四要素;音素;音位;语流音变

第一节 语音概说

一、语音是什么

简单来说,语音就是一种声音。既然是一种声音,那么它跟自然界或其他动物发出的声音就会有相似之处。所有的声音都是由于发音体的振动引起空气粒子的振动,进而引起人耳鼓膜的振动,而后通过大脑神经反射,大家才接收到了声音。由此可见,从语音的产生到传递的整个过程,其自然属性的表现上,与其他的声音没有什么差别。

但语音除了有自然属性之外,还有社会属性。**语音必须是由人的发音**

器官发出来的代表一定意义的声音。既然语音是由人的发音器官发出来的,那么自然界的声音,比如风声、雨声、打雷声等等以及其他动物或物体发出的声音就通通被排除在外了。

但并不能说只要是人的发音器官发出的声音就都是语音,它还需要代表一定的意义,这是判断一种声音是否是语音的核心条件,也是语音社会属性的重要体现。比如,人的咳嗽声、笑声、打鼾声这些声音就不属于语音的范畴。

可能有人会有疑问,人在咳嗽、笑和打鼾的时候也是有意义传递出来的。一个人咳嗽时,代表他生病了,笑的时候代表他很开心,打鼾时代表他睡得很熟。这个问题从我们前面第二章"符号和征候的区别"中可以得到解答。其实咳嗽声、笑声和打鼾声都是征候现象,这些声音都是人的一种自然而然的生理反应,他们所代表的意义并不是人们约定的结果,具有一种必然性。而语音是作为语言符号的物质载体而存在的,它所代表的意义纯粹是人们约定的结果,没什么理据性可言。因此,语音除了有和其他声音一样的自然属性外,还有社会属性。

二、研究语音的学科

语音具有自然属性和社会属性的双重属性。研究语音时,我们可以从语音的不同属性入手进行认识。

从自然属性的角度出发,针对全人类语言语音的共性进行研究的学科被称为语音学。语音的自然属性还可以继续细分为生理属性、物理属性和心理属性,语音从产生到传递再到感知的三个环节体现了这三种不同的自然属性。语音的产生需要借助我们人类的生理器官完成,这是语音生理属性的体现;语音产生以后在空气中是以声波的形式进行传递,声波可用物理仪器测量,这是语音物理属性的体现;语音在人耳接收的过程中体现了语音的心理属性。在对语音的自然属性进行研究时,从以上三种不同的自然属性出发,分别形成了语音学的三个分支学科——发音语音学、声学语音学和听觉语音学。

从社会属性的角度出发,针对语音在某一具体的语言系统中起什么作用而进行研究的学科被称为音系学。

三、语音单位的划分

由于语音具有转瞬即逝的特征,一经发出,不留踪迹,所以在对其进行分析研究时,需要把语音切分成大大小小不同级别的单位,进而找到最小的单位,才能清楚地认识到错综复杂的语音现象。一般人能够自然而然感知到的自己语言里的最小语音单位是音节,比如汉语里的"学生"这个词,即使没学过任何专业知识的人,也可以辨识出这个词里面包含了两个音节。但音节并不是语音的最小单位,它还可以继续切分为更小的单位。比如"学生"的学(xué),切到不能再切为止,还可以切分出 x、ü、e 三个单位,这就找到了语音的最小单位。

如果从语音的自然属性的角度划分,把最小的语音单位称为"音素",如果从语音的社会属性的角度划分,把最小的语音单位称为"音位"。由此可见,音素和音位虽然都是最小的语音单位,但是划分的视角却有所不同,至于具体区别在后续讲到第四节音位时,我们再谈。

四、记音符号(国际音标)

语音一发即逝,要清晰准确地分析研究语音,首先需要一套记录语音的符号把他们记录下来。为了全面地记录所有人类语言的语音,制定一套各国通用的音素标写符号就显得十分重要。我们把**记录音素的标写符号叫作**

音标。

目前，最通行的就是国际语音协会于1888年制定并开始使用的"国际音标"。为准确记录每个音素的发音，国际音标遵循**一个音素只用一个符号表示，一个符号只表示一个音素**的原则，音素和标写符号做到了一一对应，不会出现混用的现象。国际音标符号的来源主体是拉丁字母，但要做到"一音一符，一符一音"，显然不够，所以还补充使用了希腊字母，同时将部分字母进行变形，采用大写、倒写、连写或添加附加符号等方法进行补充，以保证准确记录世界上各种语言的语音。

大家发现，国际音标这套标音符号的主体是字母，但同时我们也知道有的语言的文字或标音符号也是一套字母，比如英文就是一套字母符号，汉语普通话的标音符号——汉语拼音方案也是一套字母符号。为与一般的字母进行区别，通常情况下，国际音标的标音符号要放在方括号[ ]中。

对国际音标的认识，除了注意它的标写方式外，还应注意它的读音。国际音标是用来标写全世界的各种语言或方言的，每一个标写符号的发音具有唯一性，不管用它来记录哪一种语言或方言，发音都是一样的，不会因为所记录语言的不同而有任何改变。而具体语言中与国际音标形状相同的字母的读音却常常和国际音标的读音是不一样的，比如汉语拼音方案中的字母 b 和国际音标[b]写法虽然是一样的，但所表示的音却完全不同。汉语拼音方案中的字母 b 如果要用国际音标来表示，得用[p]，是个双唇不送气的清塞音，普通话里的"爸"的拼音"ba"中的 b 就是这个音，是个清辅音。而[b]是个双唇不送气浊塞音，英语单词"boy"的字母"b"就是这个浊辅音。所以，当大家看到一个字母时一定不要去随意地发音。如果是加了"[ ]"的字母，是国际音标的身份，在国际音标中该怎么读就怎么读。如果只是个单纯的字母，一定要搞清楚它的身份，它可能是某种语言的文字符号，也可能是专供某种语言使用的标音符号，一定不要混为一谈。

国际音标除了可以表示音素的发音外，也可以表示音位的发音，只需要将国际音标的字母放在双斜线(/ /)中即可。

第二节　语音的属性

语音具有自然属性和社会属性的双重属性。语音的自然属性如果进行细分,可以分为物理属性、生理属性和心理属性。

一、自然属性

(一) 语音的物理属性

语音和自然界中的其他声音一样,都是由于发音体的振动而产生音波的一种物理现象。每一个音波都可以从音高、音强、音长和音质四个方面进行分析,我们也称其为语音四要素。

1. 音高

音高就是声音的高低。它取决于发音体振动的频率。发音体在单位时间内振动的快慢和次数的多少就反映了该语音的音高。音高和发音体振动的频率成正比,振动越快,音高就越高。频率的单位是赫兹,人耳能听到的音频范围在 20 赫兹—20000 赫兹之间,人耳对 1000 赫兹—3000 赫兹的声音最为敏感。从音感上来说,音高越高的声音,人们会觉得越尖锐刺耳。

声带作为人的发音体,振动的快慢决定了语音的高低。一般来说,声带如果短、小、细、薄,质量就较轻,振动就较快,频率也就较高,音高就高;反之,声带如果长、大、粗、厚,质量就较重,振动就较慢,频率也就较低,音高就低。女性、儿童的声带短而薄,音高就高;男性、老人的声带长而厚,音高就低。

以上音高现象都属于绝对音高,是人们对声音实际音高的感受。而对于语音研究来说,我们更关注相对音高。相对音高是通过比较来听辨声音的高低的。比如说,有些语言中的声调现象就是相对音高的差异所形成的。在现代汉语使用的过程中,一共出现了四种高低变化形式不同的音高现象,所以就形成了四个声调。对于有声调的语言来说,音高在语言系统中具有区别意义的作用。比如,现代汉语中的"低处"和"抵触"这两个词就是通过声调的差异来进行区分的。

2. 音强

音强就是声音的强弱。它取决于音波的振幅。一般来说,语音的强弱和气流的强弱还有发音时用力的大小有关系。发音时,越用力,振动幅度越大,气流越强,音强就越强,反之就越弱。音强对有些语言来说,同样具有区别意义的作用。例如,英语中单词的重音就是一种音强现象。一个英语单词可能改变词内的重音位置,就变成了两个完全不同的单词了,如英语单词"content",重音在前,是个名词,意思是"内容",重音在后,就是个形容词,意思是"满足"。另外,现代汉语中的轻声现象也可以用音强解释。轻声是读得又轻又短的调子。一个汉语词将其音强减弱,进行轻读,有可能就变成了另外一个词,比如"莲子"和"帘子"这两个词的区分就取决于"子"是轻读还是不轻读。

3. 音长

音长就是声音的长短,由发音体振动时间的长短决定。发音体振动的时间越长,音长也就越长。音长在一些语言中也具有区别意义的作用。例如,英语单词"bit"和"beat"就因为音长不同,词义也不同,一个是"一点儿"的意思,一个是"击、打"的意思。现代汉语中的粤方言也有通过音长区别词义的现象。例如,粤方言中的"心"和"三"这两个词,他们的语音形式分别是[sam]和[saːm],可以看到两个词发音唯一的差别就是音长了。另外,现代汉语的声调现象也和音长有关,普通话的上声就比其他声调略长,而去声是四个声调中最短的。

4. 音质

音质就是声音的特色和个性,也称音色,是一个声音区别于其他声音的本质特征,是语音四要素中最重要的一个。决定每个声音音质的因素主要有三个:一是发音体的情况,二是所使用的发音方法,三是共鸣腔的形状。这三个因素,只要有一个因素不同,音质就不一样了。

对于语音而言,发音体就是人的声带,每个人的声带都不会完全一样,所以每个人的音色也都不会完全一样,但这个语音现象并不是语音学中比较关心的问题。我们更关心的是,即使是同一个人,发音时如果声带的振动情况不一样,就会发出音质不一样的音。比如我们非常熟悉的辅音,之所以可以分为清辅音和浊辅音两种,就是因为发辅音时,我们的声带振动形式有不同的情况。发音时声带振动发出的是浊辅音,声音会更响亮一些,声带不振动发出的是清辅音,声音就不怎么能听得见。

再来说说发音方法对音质的影响,发音时如果使用的发音方法不一样,发出的音也会不一样。比如现代汉语的辅音声母 z 和 s 他们都是舌尖前音,但是因为发音时节制气流的方式不同(z 是塞擦音,s 是擦音),致使其发音方法不同,所以他们的音色并不同。

最后谈谈共鸣腔的形状对音质的影响,人们不论是发辅音还是发元音,只要共鸣腔的形状有一点点儿差别,人们就会发出不同的辅音或元音。例如现代汉语的辅音声母 b 和 d,单元音韵母 i 和 ü,这两组音发音时共鸣腔的形状就不太一样,所以音色的差别也很明显。

世界上所有的声音都有音高、音强、音长、音质这四个要素,语音也一样。对于任何语言来说,音质都是用来进行区别意义的最重要的要素。前一小节内容中我们提到的"音素"这个概念就是从音质的角度划分出来的最小的语音单位,不同的音素音质都是不一样的。而音高、音强和音长这几个要素在不同语言中区别意义的作用就不完全一样了。就汉语来说,除了音质以外,音高的区别作用最大。而在英语中,除了音质,音长的区别作用最大。所以,在不同的语言中,不同地域的人对语音四要素区别意义作用的利用情况是不一样的。在语音的认识和研究过程中,我们会比较关心具有区别意义作用的语音现象,因为语言所有功能的发挥都有赖于其语音形式的区别性,没有区别就无法满足我们的语言使用需求。

(二)语音的生理属性

语音是由人的发音器官发出来的,是发音器官协同工作的结果,这体现了语音的生理属性。人们使用不同的发音器官以及发音器官的不同位置都会发出不同的声音,所以要分析语音首先需要对发音器官有个基本的认识。

人的发音器官主要包括动力器、发音体和共鸣腔三个部分(如图 3-1)。

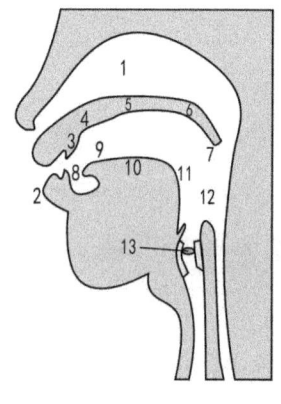

1.鼻腔	2.唇
3.齿	4.齿龈
5.硬腭	6.软腭
7.小舌	8.舌尖
9.舌叶	10.舌面
11.舌根	12.咽腔
13.声带	

图 3-1 发音器官

1. 动力器——肺

肺是我们发音时最重要的动力器官。肺部位于人体的胸腔,包含左右两片肺叶,他们会随着胸腔的收缩和舒张而扩大和缩小,这也就构成了与我们日夜相伴的呼吸,气流就在这一张一收之间流动,为我们提供了发音的动力。当肺部收缩时,胸腔内的空气经由气管、喉头、咽腔向口腔或鼻腔流出,是呼气的状态;当肺部舒张时,外面的空气向胸腔流入,是吸气的状态。我们说话的时候,主要利用肺部呼出的气流发音,只有少数语言的语音,比如非洲的某些语言中有某些语音是利用吸气发出的,也就是吸气音。

2. 发音体——喉头和声带

喉头由甲状软骨、环状软骨和杓状软骨组成,呈圆筒状,上通咽腔,下接气管。声带处于圆筒状喉头的中间,是两片富有弹性的肌肉组织,前后两端与软骨相连,是我们的发音体,长度大约有十三四毫米长。

肌肉和软骨组织是可以活动的,随着两片声带在喉头内部的收缩与舒张,两片声带中间的空隙时有时无,时大时小。我们把两片声带之间的空隙叫声门。当声带收缩时,空隙出现,声门打开(图 3-2 所示);当声带舒张时,空隙消失,声门关闭(图 3-2 所示);当声带处于半收缩半舒张状态时,声门可处于微闭状态(图 3-2 所示)。随着声门开闭的变化,声带也在拉紧与放松的状态之间变化,从而发出不同类型的语音。人们可以通过控制声带的松紧来调节声音的高低,所以语音的高低和声带的状态有关。

1. 声门打开　　　　2. 声门关闭　　　　3. 声门微闭

图 3-2　声带工作状态

3. 共鸣腔——口腔、鼻腔、咽腔

我们发音的共鸣腔包含口腔、鼻腔和咽腔三个部分,他们共同构成了声道。

口腔是位于上颚和下颚之间的腔体。上颚和下颚上面有很多参与发音的发音部位。上颚包括上唇、上齿、上齿龈、硬腭、软腭、小舌等。齿龈是齿背后面大约 1 厘米触感凹凸不平的那块儿肉,中间有一个小凸起,用舌头可以触碰到,我们将其称为"齿龈桥"。硬腭是齿龈之后硬而光滑的那块儿肉。软腭是硬腭之后靠近喉部的那块儿软软的肉。小舌是悬挂在咽喉的一块儿肉,当我们张大嘴巴,对着镜子时就可以看到它,它也可以参与我们人类的发音。下颚包括下唇、下齿和舌头。舌头可分为舌尖、舌叶、舌面三部分。

位于舌头(整个舌体)最前端的是舌尖。舌头自然伸平时,与齿龈相对的部位就是舌叶。舌叶之后的部分是舌面,舌面又分为前、中、后三部分。跟硬腭相对的部分是舌面前和舌面中;跟软腭相对的部分叫舌面后,又叫舌根。舌头是口腔内部最重要最灵活的发音器官。

鼻腔参与发音需要和别的发音器官配合完成。气流经由肺部、气管、咽腔上来时,有两条通路选择,一条是通往口腔,一条是通往鼻腔。当软腭和小舌上抬时,鼻腔通道堵住,口腔通道打开,气流通过口腔呼出,发出的是口音。当软腭和小舌下降时,口腔通道堵住,鼻腔通道打开,气流通过鼻腔呼出,发出的音就是鼻音。

咽腔是人类特有的发音器官。咽腔位于喉头的上面,上通鼻腔,前通口腔,下通喉头和食道。在咽腔和喉头之间有一块软骨叫会厌软骨,就像一个阀门一样,当人们呼吸或说话的时候就打开,让空气在喉头自由出入,当人们吃东西的时候,就会关上,让食物进入食道,避免进入气管。所以,我们常说的"食不言,寝不语"中的"食不言"是有科学依据的。

一个成年人的发音器官从声带到嘴唇约有170毫米长。在人类的发音器官中,唇、舌头、软腭、小舌和声带是能够主动、独立地运动的,称为主动发音器官;不能主动运动的,称为被动发音器官。

(三)语音的心理属性

我们在有声语言的交际过程中,对语音的感知是非常重要的,要先听到然后才能去理解语音所传递的意义。交际过程中运用语言是瞬间的事情,但却包含了"编码—发送—传递—接收—解码"五个阶段。可见,从语言信号的发出(编码),到人们对语言的理解(解码),要经过一个比较复杂的心理过程,语音和人类的心理活动存在十分密切的联系,从而构成了语音的心理属性。

语音的发音和感知都是非常复杂的生理和心理活动,充满了主观性。

在不同的社会环境中成长起来的人对相同的语音可能就会有不同的感知结果,例如对于鼻边音的识别,处于西南官话区的很多人无法听辨出他们的不同,而其他方言区的人大部分是很容易就可以区分清楚的。这个例子就是语音主观性的一个很好的证明。

人类的听觉神经如何对语音进行感知,是一个十分复杂的心理过程,要解释这个问题,我们需要对人类的认知能力有更多的认识,目前还需要继续加强研究,才能对此做出更加科学的解释。如果在这个方面能有更大的进展,对语音合成和通信工程都具有十分重要的意义。

以上都属于语音的自然属性,下面我们来谈谈语音的社会属性。

二、社会属性

语音具有自然属性和社会属性的双重属性。但语音和自然界的一般声音并不完全一样,它不是纯粹的自然现象,人们用它来表达一定地域内大家约定的意义,所以社会属性才是语音的本质属性。语音的社会属性主要表现在以下几个方面:

(一) 语音的功能性

语音作为语言符号的物质形式,是我们获取语言信息的主要手段。语音之所以具备传递意义的功能,完全是人类选择和赋予的结果,这也是语音社会性的重要体现。我们运用语言进行交际时,所表达的每一句话,使用的每一个词,都是语音和语义相互组合的结果,是语言发挥交际功能的重要载体。

(二) 语音的民族(地域)性

人们将语音作为其表达语义的最主要手段,具有鲜明的民族性和地域性。一种民族语言或方言究竟用什么语音形式表达什么意义是由社会因素决定的,是该民族或该地域的人们约定俗成的结果,语音和语义之间没有什么必然的联系,这也是语音社会性的一种体现。

同样的意义在不同的民族语言或方言中用不同的语音来表达。比如表示"鞋子"的意思,英语中是[ʃuː],汉语普通话中是[ɕie],云南方言中则是[xai]。相似的语音形式在不同的民族语言或方言中表达不同的意义。所以才出现了我们在学习第二章第二节语言符号时,提到的中国老太太将英语单词"water"理解为汉语"窝头"的笑话。

(三) 语音的系统性

语音的社会属性还体现在语音的系统性上。不同民族的语言或方言都有各自不同的语音系统。每种民族语言或方言语音系统内部所包含音素的类型和数量都不一样。即使有些音在几种语言里都有,但它们在各自语音系统里的作用和地位也是不一样的。

例如,[p]和[pʰ]这两个音素,第一个是不送气的塞音,第二个是送气的塞音,在汉语普通话中具有区别词的意义的作用,"拨水"和"泼水"就是两个完全不一样的词,我们一定会把[p]和[pʰ]看作两个不同的语音单位。

反观英语,情况就大不相同了,[p]和[pʰ]在英语中没有区别词的意义的作用,英语单词"sport"中字母"p"读作[p]或[pʰ],不会被别人理解成两个不同的词,如果读作[pʰ],别人也仅仅会认为读得不够标准而已,所以英语中的[p]和[pʰ]被他们看作同一个语音单位。后续我们学习"音位"这一节内容的时候会展开去谈。

可见,音素在不同语音系统里的地位和作用是也是由社会因素决定的。

第三节 音 素

一、什么是音素

音素是从音质的角度划分出来的最小的语音单位,是根据语音自然属性角度划分的结果。但其实人耳不能自然地感知到音素这个最小的语音单位,我们在听到一段语流时,能够自然地靠直觉切分出来的语音单位是音节。音节不是最小的语音单位,它还可以继续切分,切到不能再切为止就得到了音素。例如,一个现代汉语音节"bāo"就是由三个音素组合而成的。

二、音素的分类

音素可以分成元音和辅音两大类。

元音是发音时气流振动声带,在口腔或咽头不受阻碍而形成的音素,又叫母音。例如,[a]、[o]、[e]、[i]、[u]、[y]等。

辅音是发音时气流在口腔或咽头受阻碍而形成的音素,又叫子音。例如,[p]、[pʰ]、[t]、[tʰ]等。

元音和辅音之间主要有以下五个方面的区别:

第一,气流是否受阻。发元音时,气流没有任何阻碍地通过咽腔和口腔;发辅音时,气流会在发音器官的某一部位受到阻碍,气流冲破阻碍才发出音来。我们把音素分成元音和辅音就是根据气流是否受阻这个标准分出来的,所以气流受不受阻是元音和辅音之间最大、也是最重要的区别。

第二,肌肉紧张度不同。发元音时,气流不受阻,口腔内发音器官各部位保持均衡紧张状态。发辅音时,形成阻碍的那部分肌肉就会比较紧张。比如发[p]时,上下唇就会比较紧张。

第三,气流强弱不同。发元音时,气流不受阻,气流较弱;发辅音时,气流需要克服某种阻碍,气流较强。

第四,声带振动与否不同。发元音时,声门紧闭,气流从声门缝隙中挤出,声带振动。发辅音时,声带振动情况有两种,我们把发音时声带振动的辅音称为浊辅音,声带不振动的辅音称为清辅音。

第五,响亮程度不同。元音发音时,由于声带振动和共鸣腔的共鸣作用,响亮程度较大;辅音发音时,大多数辅音声带不振动,所以听起来就不怎么响亮,甚至听不清楚。

三、元音的发音

(一) 影响元音音质的因素

元音的音质取决于共鸣腔的形状。我们的共鸣腔里最重要的就是口腔。元音的音质主要是由口腔形状的不同所造成的。

我们改变口腔形状的方法主要有三个:(1)改变口腔开口度的大小,因为舌头与下颚相连,所以开口度大小直接决定了舌头在口腔内位置的高低;(2)改变舌头在口腔内的前后位置;(3)改变唇形,或拢圆或展平。具体来说,舌位的高低、舌位的前后以及唇形的圆展这三个因素决定着每个元音的音质。

我们用"元音舌位图"来展示每个元音的发音情况。"元音舌位图"是一个不太规则的倒梯形,是根据人们实际发音情况来绘制的。其中,左右两条边线表示舌位的前后限度,左为前元音,右为后元音,中间的称为央元音。上下两条边线表示舌位高低的限度,舌位的高低情况一共分为四等,分别是高、半高、半低、低。唇形的圆展无法在平面图上直观展示,因此做了统一的规定,以左右两条边线为基准,线左为展唇(不圆唇)元音,线右为圆唇元音。所以,我们在元音舌位图上标注所有的元音时,一般是标在线右或线左,不标在线上。

元音舌位图(参照图3-3)上有8个基本元音,是整个元音发音定位的坐标。其中[i]、[a]、[u]、[ɑ]这4个元音是处于舌位高低前后4个极点处的元音。我们又把从[i]到[a]、从[u]到[ɑ]的距离三等分,这样又得到4个元音[e]、[ɛ]、[o]、[ɔ]。以这8个基本元音

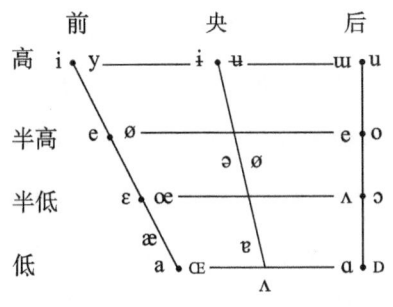

图3-3 舌面元音舌位唇形图

为参照,其他元音很容易就可以认识清楚。因此,发好这8个基本元音非常重要。

下面我们从发音特征来描述举例说明八个基本元音(如表3-1)。

表3-1 八个基本元音发音特征

音标	发音特征	例词
[i]	前、高、不圆唇元音	汉"衣"[i]　　英 bit[bit]
[e]	前、半高、不圆唇元音	汉"北"[pei]　　英 bed[bed]
[ɛ]	前、半低、不圆唇元音	汉"叶"[iɛ]
[a]	前、低、不圆唇元音	汉"孩"[xai]　　英 I[ai]
[u]	后、高、圆唇元音	汉"五"[u]　　英 who[hu:]
[o]	后、半高、圆唇元音	汉"坡"[pʰo]
[ɔ]	后、半低、圆唇元音	汉(粤)"火"[fɔ]　　英 fall[fɔ:l]
[ɑ]	后、低、不圆唇元音	汉"跑"[pʰɑu]　　英 far[fɑ:]

有了这8个基本元音的学习基础,我们再去认识舌位图上的其他元音就变得容易很多。以基本元音为基准,我们去观察某个元音在舌位图中的位置,大概就可以获知其舌位的高低、前后和唇形的圆展情况,并可以根据

已知元音的发音去推知其他元音的发音。

(二) 元音的分类

1. 依据影响元音音质的因素分类

影响元音音质的因素包括舌位的高低、舌位的前后和唇形的圆展。根据舌位的高低，可以将元音分为高元音、半高元音、半低元音和低元音。根据舌位的前后，可以把元音分为前元音、央元音和后元音。根据唇形的圆展，可以把元音分成圆唇元音和不圆唇元音。

2. 依据元音发音时舌头起作用的位置分类

从元音发音时舌头起作用的位置来分可以把元音分为舌面元音、舌尖元音和卷舌元音三种。

所谓舌面元音就是舌面起作用发出的元音，语言中大部分元音都是舌面元音，舌位图上展示的元音都属于舌面元音，所以上面的舌位图完整的名字应该是"舌面元音舌位图"。

舌尖元音是舌尖起作用发出的元音，例如汉语普通话中音节"zi"中的字母 i 是舌尖前、高、不圆唇元音[ɿ]，音节"zhi"中的字母 i 是舌尖后、高、不圆唇元音[ʅ]。

卷舌元音是发音时舌尖卷起来对着硬腭靠后的位置发出来的特殊元音，国际音标记作[ər]。例如汉语普通话中的"而、尔、二"发的就是卷舌元音。

四、辅音的发音

辅音是发音时气流受到某种阻碍而发出的音。辅音的发音经历从成阻到持阻再到除阻三个阶段。例如，辅音[p]发音时，首先双唇紧闭，接着双唇全然打开，阻碍排除，如果不打开双唇，[p]这个辅音是不可能发出的。

辅音的音质取决于发音部位和发音方法，这两方面和辅音发音气流受阻都有较大关系。所谓发音部位，就是辅音发音时气流受阻的部位。所谓发音方法，就是辅音发音时成阻或除阻的方式。除此以外，发音方法还包括辅音发音时气流的强弱和声带振动情况。

（一）辅音的发音部位

辅音发音时气流受阻的部位从外到里依次是双唇、唇齿、齿尖、舌尖前、舌尖中、舌尖后、舌叶、舌面前、舌面中、舌面后（舌根）、小舌、喉，据此形成了以下12种类型的辅音：

1. **双唇音**：由上唇和下唇相互接触形成阻碍发出的音。如[p]、[pʰ]、[m]。

2. **唇齿音**：上齿和下唇相互接触形成阻碍发出的音。如[f]、[v]。

3. **齿间音**：舌尖处于上下齿之间发出的音。如[θ]、[ð]。

4. **舌尖前音**：舌尖接触上（下）齿背发出的音，俗称平舌音。如[ts]、[tsʰ]、[s]。

5. **舌尖中音**：舌尖接触上齿龈发出的音。如[t]、[tʰ]、[n]、[l]。

6. **舌尖后音**：舌尖接触上齿龈与硬腭交界处发出的音，俗称翘舌音，注意不是卷舌音，卷舌音的说法不准确，舌头的翘与卷动作不完全一样，舌头卷要比翘时位置更靠后。如[tʂ]、[tʂʰ]、[ʂ]、[ʐ]。

7. **舌叶音**：舌叶接触硬腭前端形成阻碍发出的音，如[tʃ]、[tʃʰ]、[dʒ]、[ʃ]。

8. **舌面前音**：舌面前部接触硬腭前部形成阻碍发出的音，如[tɕ]、[tɕʰ]、[ɕ]。

9. **舌面中音**：舌面中部接触硬腭中后部形成阻碍发出的音，如[c]、[cʰ]。

10. **舌面后（舌根）音**：舌面后部接触软腭形成阻碍发出的音，如[k]、[kʰ]、[x]、[g]、[ŋ]、[ɣ]。

11. **小舌音**：小舌与舌面后部接触形成阻碍发出的音，如[R]。

12. **喉音**：声门以闭塞又突然打开或留一条窄缝供气流出去的方式所发的音，如[h]、[ɦ]、[ʔ]。

（二）辅音的发音方法

1. 气流成阻或除阻碍的方式

（1）**塞音**：发音时发音器官的两部分完全紧闭，气流全部堵塞，然后口腔突然打开，气流爆发成声，所以又叫爆音或爆破音。例如，汉语普通话中的 b[p]、p[pʰ]、d[t]、t[tʰ]、g[k]、k[kʰ]，英语中的[b]、[d]、[g]，他们都是塞音。

（2）**擦音**：发音时发音器官的两部分没有完全闭塞，相互之间留有一条窄缝，气流在通过窄缝时与周围的发音部位摩擦成声。例如，汉语普通话中的 f[f]、h[x]、x[ɕ]、sh[ʂ]、r[ʐ]、s[s]，英语中的[ʃ]都是擦音。

（3）**塞擦音**：发音时发音器官的两部分先形成完全的闭塞状态，然后克服阻碍开启一条窄缝，气流从中摩擦成声。这是一种先塞后擦、塞擦结合而发出的音。例如，汉语普通话中的 z[ts]、c[tsʰ]、j[tɕ]、q[tɕʰ]、zh[tʂ]、ch[tʂʰ]就是塞擦音。

（4）**鼻音**：发鼻音时发音部位跟发塞音一样，完全阻塞，软腭下降，气流通往口腔的通道堵住，气流从鼻腔流出，同时声带振动。例如现代汉语普通话中的 m[m]、n[n]、ng[ŋ]都是鼻音。在英语中也同样有这样的鼻音存在，如单词"mother""nail""long"中的字母 m、n、ng 就对应于以上3个鼻音。

（5）**边音**：发边音时舌尖儿跟上齿龈接触，气流从口腔内部出去的中间通道堵塞，气流转而从舌头的两边出去。例如现代汉语普通话中的"l"、英语单词"letter"，他们开头的辅音就是边音。

（6）**颤音**：发音时舌尖或小舌由于受到气流的冲击发生了连续的颤动，

气流一下堵塞一下畅通,如此快速地连续反复多次,就像一连串的塞音一样。俄语、德语和法语中都有颤音存在:俄语中有舌尖颤音[r];德语和法语中有小舌颤音[R]。

(7)**闪音**:闪音和颤音的发音原理一样,只是发音时舌尖或小舌快速颤动,一闪而过,并不发生连续的颤动。例如英语单词"very"中的字母"r"发[ɾ],就是个闪音。

(8)**半元音**:发音时开口度比擦音大,气流较弱,摩擦较轻,声带振动,是一种介于元音和辅音之间的音,称为"半元音"。例如英语单词"yellow"中的字母"y"发[j]、"white"中的字母组合"wh"发[w],他们都是半元音。

2. 声带振动情况

按照辅音发音时声带振动与否来分,可以把辅音分为清辅音和浊辅音两类。

(1)**清辅音**:发音时声带不振动的辅音即为清辅音,清辅音发音时由于声带不振动,所以发出的音没有那么清晰响亮。我们往往会采用"呼读"的方式进行发音。汉语普通话中大部分辅音都是清辅音。

(2)**浊辅音**:发音时声带振动的辅音称为浊辅音。浊辅音发音时由于声带振动,所以发出的音较为清晰响亮。汉语普通话中只有 5 个浊辅音,分别是 m[m]、n[n]、l[l]、r[ʐ]、ng[ŋ]。

3. 气流的强弱

按照辅音发音时气流的强弱来分,可以把辅音分成送气音和不送气音两类。

(1)**送气音**:发音时气流比较强的音就是送气音。例如汉语普通话中的 p[pʰ]、t[tʰ]、k[kʰ]、q[tɕʰ]、ch[tʂʰ]、c[tsʰ]这 6 个音都是送气音,国际音标进行标注时可用字母"h"或符号"'"进行右上角标。

(2)**不送气音**:发音时气流较弱的音就是不送气音。例如汉语普通话中的 b[p]、d[t]、g[k]、j[tɕ]、zh[tʂ]、z[ts]这 6 个音都是不送气音,与上面的 6 个送气音两两相对。(详见表 3—2)

表 3－2　国际音标常见辅音表

发音方法			双唇	唇齿	齿间	舌尖前	舌尖中	舌尖后	舌叶音	舌面前	舌面中	舌面后	小舌音	喉音
塞	清	不送气	p				t	ʈ			c	k	q	ʔ
		送气	pʰ				tʰ	ʈʰ			cʰ	kʰ	qʰ	ʔʰ
	浊		b				d	ɖ			ɟ	g	G	
塞擦	清	不送气		pf		ts		tʂ	tʃ	tɕ			Gʰ	
		送气		pfʰ		tsʰ		tʂʰ	tʃʰ	tɕʰ				
	浊			bv		dz		dʐ		dʑ				
鼻	浊		m	ɱ		n		ɳ		ɲ		ŋ	N	
颤音	浊					r							R	
闪音	浊					ɾ	ɽ							
边	浊					l								
擦	清		ɸ	f	θ	s		ʂ	ʃ	ɕ	ç	x		h
	浊		β	v	ð	z		ʐ	ʒ	ʑ	j	ɣ		ɦ
半元音	浊		w ɥ	ʋ						j (ɥ)	(w)			

第四节　音　位

一、从音素到音位

在语音的认识和研究过程中,音素和音位是两个基本的概念。我们知道音素是从语音的自然属性划分出来的最小语音单位,而本节的核心概念:音位是从语音的社会属性划分出来的最小语音单位。虽然,他们是从语音的不同属性来分析和研究的,但他们之间却有着非常紧密的联系。

从全世界范围内来说,如果不去考虑地域的差异,人类使用发音器官可以发出很多不同的音素。但不同地域的人一般仅选择其中一部分音素服务于自己的表达需要。在选择这些音素的过程中,大家既有可能选到相同的音素,也会选到不同的音素。所以不同的语言所包含的音素的数量和种类不会完全一样。就算选到了一样的音素,但进入各自语言使用时所起的作用也极有可能不一样。就好像你拿两个鸡蛋,可以蒸,可以煮,可以煎,还可以炒,可是味道和口感却是不同的。例如,汉语和英语中都有[p]和[pʰ]这两个音素,但汉语中的[p]和[pʰ]就具有区别意义的作用,两个句子"他饱了"和"他跑了",因为[p]、[pʰ]使用的差异,意义就千差万别了;而在英语中,[p]、[pʰ]就没有区别意义的作用,单词"sport"的字母"p"是读为不送气音[p],还是送气音[pʰ],对于英语为母语的人来说都是"sport"这个单词。

在进行语言研究时,"区别"是我们非常关注的一个内容。如果在某种语言或方言中,当音素可以起到区别意义的作用时,我们就可以称这样的音素为音位,如果不能起到区别的作用时,它的身份就只是音素。

由此可见:首先,音位是从音素能否辨义这个标准归纳概括而来的,是个较为抽象的语音现象;其次,音位的识别是以具体的语言或方言为基础的,如果脱离了这个前提,就无法识别是否具有辨义作用,音位也就无从谈起;再者,人们在识别音位的辨义功能时,遵循了音感差异最大化原则,音素之间的音质是不一样的,只有这种差异大到影响我们实际的语言交流中信息的识别(是否具有区别作用)时,我们才会将其认定为不同的音位。所以,我们将**音位定义为具体语言或方言中有区别意义作用的最小的语音单位**。

二、确立音位的原则

作为一种语言中能够区别意义的最小语音单位,需要通过归纳概括,我们才能把握一种语言的音位系统。在确立一种语言的音位时,需要遵循以下分布标准。

分布是指某种语言或方言中,音素出现在语音结构中的位置情况。我们根据其位置来确定是否确立为一个独立的音位。

(一) 相同语音环境下的分布

1. 对立分布——对立原则

一种语言或方言中,几个音素能够出现在相同的语音环境,如果相互替换后产生了意义上的差别,那么这几个音素之间处于对立分布状态,形成对立关系,分立为不同的音位。以现代汉语普通话中的[p]和[pʰ]为例来说明:

第一步,设置一个相同的语音环境:[__a^{51}]。

第二步,将现代汉语普通话中的[p]和[pʰ]分别放进该语音环境中,形成[pa^{51}](爸)和[pʰa^{51}](怕)两个不同的词的语音形式。

从以上例子可以看出,[p]和[pʰ]处在相同语音环境中能够起到区别意义的作用,所以[p]和[pʰ]处于对立关系,可以归纳为两个不同的音位。

2. 非对立分布——随意替换性原则

一种语言或方言中,几个音素能够出现在相同的语音环境,如果相互替换后不能产生意义上的差别,那么这几个音素之间处于非对立分布状态,不形成对立关系,合并为同一个音位。以现代汉语方言西南官话中的[n]和[l]为例来说明:

第一步,设置一个相同的语音环境:[__an^{35}]。

第二步,将现代汉语方言西南官话中的[n]和[l]分别放进该语音环境中,形成[nan^{35}]和[lan^{35}]两种音质的语音形式,但在该方言区人们对其音质的差异是比较漠然的,甚至对这种差异没有任何觉察,就听感而言,感觉是一样的。他们在说"男人"这个词的时候,无论发"nánrén"还是"lánrén"都是表示"男人"这个词。

从以上例子中可以看出,西南官话中的[n]和[l]虽然处在相同语音环境中,但他们并没有区别意义的作用,所以[n]和[l]合并为同一个音位——

/n/音位或/l/音位。

(二) 不同语音环境下的分布

1. 互补原则

一种语言或方言中,几个音素如果不能出现在相同的语音环境中,即各有各的出现条件,我们就将其视为互补分布状态,这几个音素之间就形成互补关系。这些处于互补关系的音素音质差异一般比较小,没有区别意义的作用,合并为同一个音位,用一种音标符号标写。以现代汉语普通话中的前[a]、央[A]、后[ɑ]为例来说明:

前[a]出现在前元音[i]和韵尾[n]的前面,例如韵母 ai、an;央[A]出现在前元音[i]后元音[u]后或单用,例如韵母 ia、ua、a;后[ɑ]出现在后元音[u]或辅音[ng]的前面,例如韵母 ao、ang。可以看出它们出现在不同的语音条件下,处于不同的语音环境中,即使把这三个音素的位置置于相同的语音环境中进行相互替换,他们也不能起到区别意义的作用,人们只是听着普通话不够标准而已,所以合并为同一个音位——/a/音位。

2. 语音近似原则

在一种语言或方言中,并不是处于互补分布的音素都会合并为一个音位。归纳音位还有一个重要标准就是音感差异,如果处于互补关系的音素,音质差异大到具有区别意义作用的时候,就需要各自独立为一个音位。例如现代汉语普通话辅音声母 j、q、x 只与齐齿呼、撮口呼相拼,z、c、s、只与开口呼、合口呼相拼,他们确实处于互补分布状态,但由于音感差异较大,仍处理为各自独立的音位。

三、音位变体

音位变体是指属于同一个音位的各个音素,所以音位变体从根本属性上来说是音素。音位变体可以分为条件变体和自由变体两种类型。

条件变体:如果一种语言中的几个语音近似的音素从来不会出现在同一种语音环境中,呈现出互补分布的状态,因其各有各的出现条件,我们把这样的音素称为该音位的条件变体。例如,前面提到的前[a]、央[A]、后[ɑ]语音近似且互补分布,他们就是/a/音位的条件变体。

自由变体:如果一种语言中的几个音素可以出现在相同的语音环境中且没有区别意义的作用时,我们把这样的音素称为该音位的自由变体。例如,前面提到的西南官话[n]和[l]就是/n/音位的自由变体。

四、音位的类型

音位分为两种类型,一种是音质音位,一种是非音质音位。不管是哪一种音位,都必须具有区别意义的作用。

(一)音质音位

所谓音质音位是指由于音素音质方面的差异而起到区别意义作用的音位,比如元音音位和辅音音位。

(二)非音质音位

在实际的语言表达过程中,除了音质有区别意义的作用外,语音四要素中的音高、音强和音长这些非音质要素也能起到区别意义的作用,我们把这样的音位称为非音质音位。非音质音位包括调位、重位和时位三种。

1. 调位

通过音高来区别意义的音位称为调位,反映在语言中就是声调现象。世界上像汉藏语系的语言,基本都有声调,是其区别意义的重要手段之一。现代汉语普通话有阴平、阳平、上声、去声四个声调,就是四个调位。

2. 重位

重位也叫势位,主要通过音强来区别意义的音位。英语和汉语中都存在这样的非音质音位现象。例如,英语单词"content",重音在前是"内容"的意思,名词词性;重音后移是"满意"的意思,形容词词性。现代汉语普通话中"地道"一词,尾音轻读是"真正地、纯粹"的意思,形容词词性;尾音重读是"地下挖成的坑道(多用于军事)"的意思,名词词性。

3. 时位

通过音长来区别意义的音位叫时位。英语和某些汉语方言的长短音现象就是时位。例如,英语单词"bit"和"beat"音长不同,词义也不同,一个是"一点儿"的意思,一个是"击、打"的意思。现代汉语粤方言的"心"和"三"这两个词,音长不同,词义也不同。

第五节 音位的聚合与组合

一、音位的聚合

(一) 区别特征

音位作为某一语言或方言中能够区别意义的最小语音单位,如果不限于线性切分,其实还可以进一步分析为几个发音特征。而音位与音位之间的区别往往就表现在一些发音特征上,**我们把这些具有区别音位作用的发音特征称为区别性特征**。例如:现代汉语普通话中的/p/和/p^h/两个音位,是以"送不送气"作为区别特征的。

/p/:双唇、不送气、塞

/p^h/:双唇、送气、塞

音位的区别特征主要是从发音的角度进行分析的,每个音位是有多个发音特征的,而选择哪些作为区别特征主要取决于其所属语言语音系统的情况。

例如,/p/是英语和汉语中都有的一个音位,就发音特征本身来说,/p/包括双唇、不送气、清、塞四个发音特征。但是英语中/p/的区别特征包括双唇、清、塞三个,汉语中/p/的区别特征包括双唇、不送气、塞三个。

因为在一种语言内部能把所有的音位区分开的特征才是这种语言音位系统里所必需的发音特征,即区别特征。英语中存在另一个与/p/只有一个发音特征不同的双唇、浊、塞音音位/b/,送气与否这个发音特征在英语中没有区别音位的作用,所以送不送气不是英语音位系统的区别特征。反观汉语,汉语中存在另一个与/p/只有一个发音特征不同的双唇、送气、塞音音位/pʰ/,送气与否这对发音特征在汉语中具有区别音位的作用,而清浊这对发音特征没有区别的作用,所以清浊不是汉语音位系统的区别特征。

我们一般采用二分的办法来描述音位的区别特征,比较常用的主要有以下这几对:受阻—不受阻、鼻音—口音、塞音—擦音、送气—不送气、清—浊、高—低、圆—展。通过区别特征矩阵图我们把音位之间的区别描述得比较清楚。以音位/p/和/pʰ/为例来说:

表3-3 现代汉语/p/、/pʰ/区别特征矩阵

音位＼区别特征	双唇	塞	清	送气
/p/	＋	＋	＋	－
/pʰ/	＋	＋	＋	＋

从上表中,我们就可以发现/p/和/pʰ/之间主要的区别在"送气—这对区别特征上,但他们之间具有三个相同的区别特征。由此可见,音位之间有不同的区别特征,也有相同的区别特征。

(二)音位聚合群

每一种语言中的音位都不是孤立的,可以找到和自己具有相同区别特征的其他音位,从而形成音位聚合群。同时,由于一个音位具有多个区别特

征,所以一个音位往往处于不止一个音位聚合群中。我们以现代汉语普通话音位/p/为例来进行说明。

表3-4 现代汉语/p/双向聚合群

/p/	/t/	/k/
/pʰ/	/tʰ/	/tʰ/
/m/	/n/	/ŋ/

通过观察以上表格,我们就发现表格上的每一个音位都处于双向聚合,纵向看属于同一种发音部位的辅音音位聚合群,横向看属于同一种发音方法的辅音音位聚合群。我们把这种情况称为平行对称的双向聚合,这也是音位聚合的主流特征。据此,当我们清楚聚合群中某一个音位的特点,也就可以大体上推知和它处于同一聚合群中的其他音位的特点了。例如,在普通话中,/k//kʰ//x/同属于舌面后音聚合群,音位/k/可以和开口呼、合口呼相拼,不能和齐齿呼、撮口呼相拼,由此可以推出音位/kʰ//x/和韵母四呼的拼合情况和音位/k/应该是一致的,事实上也确实如此。

不过,音位系统中还有一小部分音位是处于单向聚合中。我们以现代汉语普通话中音位为例来说明。

表3-5 现代汉语/ʐ/单向聚合情况

/ts/	/tsʰ/	/s/	
/tʂ/	/tʂʰ/	/ʂ/	/ʐ/
/tɕ/	/tɕʰ/	/ɕ/	

通过观察以上表格,/ʐ/音位只能找到发音部位方面的聚合群,在发音方法上离群索居,处于单向聚合中。已有研究表明,处于单向聚合的音位往往是人们在母语习得的过程中最晚学会的音,而且也是在历史演变过程中稳定性弱、比较多变的音。

一种语言中的音位系统一般来说是处于平行对称的状态的,但我们也看到在音位系统中出现了平行对称状态被打破的情况。例如,/m//n//ŋ/是一个鼻音聚合群,根据音位系统平行对称的特征来推,他们与元音的组合情况应该是一致的。但事实上,在现代汉语普通话中并不是如此。我们通过表3-6来进行说明。

表3-6 音位系统非平行对称情况

辅音音位	元辅音组合样式(v 表元音)	例子
/m/	mv	ma
/n/	nv	na
	vn	an
/ŋ/	vŋ	ang

通过观察以上表格,我们发现同属一个音位聚合群的三个音位,与元音的组合方式都不一样。但我们把时间回推到中古时期就会发现,当时这三个音位与元音的组合方式是一样的,元音既可以放到他们的前面,也可以放到他们的后面。这个现象说明了语言的发展变化会导致音位系统平行对称的状态暂时被打破。

由此可见,诸如音位系统对称当中的不对称现象以及音位的单向聚合这些看似打破平衡的现象具有重要的研究价值,为我们去探索语言的演变规律提供了线索。

二、音位的组合

(一) 音节

音节对于人类来说是一种可以自然感知的语音单位,我们通过自己的耳朵就可以轻松地将一段语流中的音节划分出来。所以,**从听感的角度,将音节定义为听话时自然感到的最小的语音单位**。在现代汉语中,一个汉字往往就代表一个音节。

但我们也很清楚,音节并不是最小的语音单位,一个音节仍然可以继续切分,找到比它更小的语音单位,是音位。所以,**从音节的构成角度,将音节**

定义为由音位组合构成的语音结构单位。

除此以外,还可以从发音的角度对音节进行定义:**一个肌肉紧张过程就是一个音节**。发一个音节时,喉部肌肉的紧张程度一般是先由弱到强再转弱的过程,我们称其为"肌肉紧张说"。

(二)语流音变

人们在说话时,音位与音位组合的过程中会形成长短不等的一段段语流。在这个连续的语流中,由于受到邻音的影响,或者由于说话时语流的快慢、强弱、高低的变化,有些音位的发音会产生临时性的变化,这种在语流中发生的语音变化就是语流音变。

总体来说,语言单位的语音变化有两种情况:一种是语言单位的语音在历史发展过程中产生的变化,我们称其为"历史音变"。另一种是在连续的语流中产生的临时性的语音变化,即我们这里所说的"语流音变"。

语流音变现象是所有语言中非常普遍的一种现象,只是每种语言的具体现象和规律有所不同,但概括起来在各种语言中最常见的语流音变主要包括同化、异化、弱化、脱落和增音这五种现象。

1. 同化

同化现象在各种语言的语流音变中都十分常见,是指语流里两个不同的音,其中一个因受另一个的影响变得跟它相同或相近的现象。同化可分为顺同化和逆同化两种,一般都是为了发音顺口自然产生的结果。我们以汉语和英语为例来说明。

(1)顺同化

由前面的音影响后面的音而产生的同化叫顺同化。例如:

①dogs[dogs]➡[dogz](名词复数词尾"-s"本来读清音[s],受前面浊音[g]的影响被同化为浊音[z])

②榆钱儿[y^{35} ȼʰianr^{35}]➡[y^{35} ȼʰyanr^{35}](快速语流中,钱儿的韵头/i/受前一音节/y/的影响被同化为/y/)

（2）逆同化

由后面的音影响前面的音而产生的同化叫逆同化。例如：

①面包[mian^{51} pao^{55}]➡[miam^{51} pao^{55}]（"[mian]"中前鼻音韵尾[n]受到"[pao]"中声母的影响带上了双唇特征,被同化为双唇鼻音[m]）

②门面[men^{35} mian^{51}]➡[mem^{35} mian^{51}]（"[men]"中前鼻音韵尾[n]受到"[mian]"中声母的影响带上了双唇特征,被同化为双唇鼻音[m]）

2. 异化

异化是指语流中两个相同或相近的音,为了避免发音上的拗口,其中一个音受另一个的影响而变得不相同或不相近的现象。在汉语普通话中两个上声相连时,第一个上声要变为阳平,这是一种典型的异化现象。例如,"美好"一词的实际读音是[mei^{35} xɑu^{214}]。

3. 弱化

弱化是指语流中一个音由于所处的地位或受邻近音的影响而变得音强较弱的现象。现代汉语中的轻声就是一种弱化现象,通过弱化丧失了原有调值,发音时音长变短,音强减弱。例如,爸爸、妈妈、石头、爱人等。

4. 脱落

随着弱化程度的加深,语流中有些较弱的或不重要的音在发音时丢失,或为了发音的方便而省略某些音,这种现象叫脱落。脱落现象常常出现在快速语流中。例如,北京话的"你们"[ni^{214} mən]常说成[ni^{214} m],"豆腐"[tou^{51} fu]说成[tou^{51} f]。英语中也常出现脱落现象。例如,I am coming[ai æm kʌmiŋ]在口语中一般说成[aim kʌmiŋ]。

5. 增音

在语流里连续发音时,有时为了发音的和谐加入原来没有的音,这种现象叫增音。例如,汉语普通话中语气词"啊"的音变就属于这里所说的增音现象。比如"真好啊"里面的"啊"根据音变规则,"啊"的读音取决于其前面字音的尾音,"好"字的尾音是[u],音变时在[A]的前面增加[u],所以"真好啊"的"啊"读作[uA]。

📖 本章知识框架图

```
                    ┌─ 语音是什么
          ┌─ 语音概说 ─┼─ 研究语音的学科
          │           ├─ 语音单位的划分
          │           └─ 记音符号（国际音标）
          │
          │                      ┌─ 物理属性
          │           ┌─ 自然属性 ─┼─ 生理属性
          │           │           └─ 心理属性
          ├─ 语音的属性 ─┤
          │           │           ┌─ 功能性
          │           └─ 社会属性 ─┼─ 民族性
          │                      └─ 系统性
          │
          │       ┌─ 什么是音素
 语音 ─────┤       ├─ 音素的分类
          ├─ 音素 ─┤
          │       ├─ 元音的发音
          │       └─ 辅音的发音
          │
          │       ┌─ 从音素到音位
          │       ├─ 确立音位的原则
          ├─ 音位 ─┤
          │       ├─ 音位变体
          │       └─ 音位的类型
          │
          │                       ┌─ 音位的聚合 ─┬─ 区别特征
          │                       │             └─ 音位聚合群
          └─ 音位的聚合与组合 ─────┤
                                  └─ 音位的组合 ─┬─ 音节
                                                └─ 语流音变
```

1. 语音和一般声音的异同有哪些？

2. 请举例谈谈语音四要素。

3. 请谈谈对语音社会属性的理解。

4. 元音和辅音的异同有哪些？

5. 举例谈谈确立音位的原则。

6. 什么是语流音变？举例说说语流音变的几种类型。

第四章 词　汇

内容提要：词汇是语言的建筑材料，作为语言三要素之一，它与社会现实生活的关系最为直接。本章阐述和探讨的主要内容有：一是阐述词汇的定义和性质；二是对词汇中的聚合现象进行探讨，分析词和固定短语的分类；三是分析构造法和造词法等问题。

核心概念：词汇；基本词汇；一般词汇；词根；词缀；构词；构形

第一节　词汇概说

一、词汇的定义

词汇又称语汇，是指一种语言中所有词和固定短语的总和，如汉语词汇、粤语词汇等；有时词汇也常常用来指某人、某著作甚至某一篇文章所使用的全部词和固定短语的总和，如巴金的词汇、茅盾的词汇、《红楼梦》中的词汇、《活着》中的词汇等。虽然"词汇"的范围有所缩小，但就整体而言，词汇是一个集合概念，不能用来指具体的一个一个的词或固定短语，因而词汇和词是一种集体和个体的关系。

词汇是语言的建筑材料,是组成语言的要素之一。如果说语言是一栋房子,那么词汇就是建造这栋房子所需要的一砖一瓦。词汇还不是语言,但按照有关的语法规则结合起来就能产生出无限丰富的句子,从而运用于日常交际。

一种语言中的词汇究竟有多少是很难统计出一个具体数字的,因为词汇总是处于不断的变化之中,新的词语不断产生,旧的词语不断消亡。一般来说,一种语言的词汇丰富程度与这种语言的发达程度成正比,即某种语言的历史越悠久,它的词汇量就越大;而一种语言中的词汇量越大,也就表明这种语言越发达。如《汉语大词典》收录的词语就达 37 万多条,而这还不是全部,学者们还陆续发现了大量失收、漏收的词语。近代西方最大的《牛津英语词典》收录 41 万多条,这些都从侧面反映了语言的发达程度。

二、词汇的性质

(一)任意性与理据性

任何语言中的词汇,特别是意义单一的词语,用什么样的声音与什么样的意义结合成一个具体的词在初始阶段都是任意的。如表示肯定的意义,汉语是"shì",英语是"yes[jes]",法语是"oui[wi]",俄语是"да[da]",德语是"ja[ja]",西班牙语是"sí[si]",纳西语是"[wA]",白语是"[tsa]",彝语是"[ŋɤ]",壮语是"[sɯ]",傣语是"[tsaɯ]"。这些语音形式和它们的语义内容之间没有必然的本质联系,并且不同的语言相同的语义内容用不同的语音形式来表达,充分说明了词汇的任意性。这里需要注意的是,任何词语的音和义之间的关系一旦约定俗成,固定下来,这些词也就增加了强制性。

词汇的理据性主要表现在具体语言中语素与语素的组合、词与词的组合是相对可论证的。如汉语中的"雨衣"和英语中的"raincoat"都表示"下雨的时候穿的衣服",是可以论证的。人们用什么样的音义结合来给客观事物命名都是有理据的,只是不同的语言往往选用适合本民族文化心理的某一特征作为命名的根据,并通过这种选择来反映不同民族对某一事物的不同心理认知。如汉语称"桌子"的客观事物,其依据特征是"高";英语、法语称该事物为"table",其依据特征是"木板"（源于拉丁语 tabule）；德语称该事物是"tisch",其依据特征是"圆盘"（源于古希腊语 diskos）；俄语称该事物是"стол",其依据特征是"铺开"。这些例子说明,在不同语言里,同一事物名称命名的理据是不同的,只不过随着时间的推移,一些名称命名的理据性已经不容易看清了。

由此可见,词汇的任意性与理据性是一种对立统一的关系,任意性是词汇产生的途径,而理据性是词汇不断丰富的手段。

（二）普遍性与民族性

语言中的词汇,特别是实词,与逻辑上的"概念"密切相关,其中概念用来反映客观事物,而词汇则标记了概念。因此,不同民族的人群在使用语言（特别是词汇）反映客观事物时,只要这些事物存在某种概念,就一定会有相应的词来表达它。这对于所有的语言都是一样的,如客观存在的"太阳""月亮""生老病死"等,无论是哪种语言中都会有反映这些概念的词,这就是词汇的普遍性。当社会中出现了新生事物时,各种语言也会创造出相应的词来表达这些事物。如 2020 年出现的"新型冠状病毒肺炎",英语用"COVID－19"表示,汉语用"新冠肺炎"表示。

在不同语言的词汇中,相应词的语义内容也不完全一一对应。大多数情况下,基本意义相同的多义词,它们的转义和义项数目并不是完全吻合的,关系错综复杂。以汉语的"老"和英语的"old"为例,其基本意义相同,都有"年纪大"的意思,但在其他意义上并不完全一样,如"old society（旧社会）、old clothes（旧衣服）、old English（古英语）、老祖宗（ancester）、肉太老

(The meat is tough)"等等。另外,在一种语言中用一个词来表达的事物,在另一种语言中可能要用两个或两个以上的词结合起来表达,甚至在另一种语言中找不到恰当的词来表达。如汉语中的"弟弟",英语用"younger brother"来表达,而汉语中的"饺子""元宵""功夫"等词,在英语中找不到恰当的词来准确对译。这说明不同民族由于不同的社会、历史、地理等文化特征而产生出各自独有的词语。

(三)活跃性与稳定性

与语音、语法相比,词汇是语言三要素中最为活跃的部分,与社会生活的关系更加密切。因此,社会生活的发展变化,都会很快反映到词汇中,这就是词汇的活跃性。旧的事物现象消失了,反映它的词语也会逐渐从人们的话语中消失,如"笏""科举""红卫兵""样板戏"等词,现在基本上已经不再使用了;新的事物现象出现了,语言必然会创造出新的词语来记录它,如"内卷""躺平""双标"等词都是近些年出现并大量使用的。可以说,社会发展变化越快,词汇的发展变化越快。

同时,词汇的发展变化并不是随心所欲的,它要受到词汇系统的影响和严格制约,有着极强的稳定性。一方面,很多词语的声音、意义和结构形式一旦形成,就基本固定下来,不会随意改变。无论社会如何发展变化,一种语言的基本词汇往往是极其稳定的,像汉语中的"天""地""山""河""星""月",英语中的"man""sky""good""very"等词,已经沿用了很久,至今没有改变过;一些固定用法亦是如此,如"马路""铅笔""熊猫""心想事成"等。尽管有些不太符合科学,但由于语言约定俗成的特性,也使得词汇不能任意改变。如人们早已知道大脑才是人体的思维器官,但汉语还是说"心想事成""潜心钻研"等。另一方面,新词往往是依据现有的词汇、固定的构词方式造出来的,如上面提到的"内卷""躺平""双标"等。

词汇的活跃性使语言单位不断增减、更替,满足了社会发展的需要,而词汇的稳定性则保证了语言系统的稳定和平衡,使得交际能够正常进行。

三、词汇学及其分类

词汇学是以词汇作为研究对象的关于语言结构的一门分支学科。词汇作为语言结构系统的要素之一,也有自己的内部系统和使用规则。词汇学研究词的本质、构成以及词的各种关系,研究词汇的类型划分、结构关系等问题,有时也常常把研究与词汇有关的一些学科归入词汇学,如词典学。

词汇学根据研究方法或对象可作多种划分。根据其侧重内容的不同,可以分为具体词汇学和普通词汇学、历史词汇学和描写词汇学以及历史比较词汇学等。

具体词汇学又称个别词汇学,是指研究某种语言词汇特点和规律的词汇学,如汉语词汇学、英语词汇学、俄语词汇学等。普通词汇学又称一般词汇学,是指研究词汇的一般理论。

历史词汇学是指主要运用比较的方法,从历时的角度纵向地研究个别语言的词汇演变过程,以揭示其发展规律。描写词汇学是指从共时的角度对语言系统的词汇在一定时期内相对稳定的状态进行描写性研究,考察、分析它的构成和组织情况,揭示其组织成员间相互制约、对立、对比等各种关系。本章所讨论的就属于描写词汇学,为了便于介绍,本书将其中的词义部分放在了"语义学"章节。历史比较词汇学是指运用历史比较的方法,研究有亲属关系的多种语言、方言的词汇,以构拟他们在共同母语中的形式和意义,侧重于考察不同词汇系统的词语的共源关系以及各自不同的发展过程。

第二节　词汇的分类

为了全面了解词汇的内部结构、地位和用途等,词汇可以根据不同的标准进行分类,也就是通过不同层次的词语的类聚关系构成一个完整的词汇系统。因此,词汇系统可以从不同的角度划分成不同的类聚子系统,而这些分类由于标准不同,子系统之间会产生交叉。

词既是语法单位,又是词汇单位,这里词汇的分类主要涉及词的词汇学分类,不涉及词的语法分类。词汇是词和固定短语的总和,因而词汇的类聚可以分为词的分类和固定短语两大类。

一、词的分类

词是指语言中最小的能够独立运用的有音又有义的语言单位。由于词汇系统不同层次的类聚关系,对词可以从不同的角度进行分类,形成不同的聚合。

(一) 从音节数量上划分

各种语言的词都包含不同数量的音节,根据构成词的音节数量来看,可以把词汇系统分为单音节词和多音节词两大类。单音节词如英语的"sun""love""cat""some""good"等,汉语的"手""脚""美""好""了"等;多音节词如英语的"teacher""university""water""people""absolutely"等,汉语的"奥林匹克""干净""红彤彤""语言学""冰糖葫芦"等。据《现代汉语常用词表(草案)》统计,该表所收录的 56008 个常用词中有 3181 个单音节词,40351 个双音节词,6459个三音节词,5855个四音节词,162个五音节和五音节以上的词。可见,现代汉语词汇以双音节词为主。

(二) 从来源上划分

根据词的不同来源可以把词分为古语词、新词、方言词、外来词等。

1. 古语词

古语词是指从古代文献书籍中流传下来的,并偶尔在特定语境中所使用的词。这些词在古代书面语中经常使用,在现代语言中用来表达特殊意义或感情色彩。古语词包括历史词和文言词两类。古语词中的历史词是指历史上曾经存在过,现在已经不存在的事物、现象、行为的词,或是历史上出现过的神话传说中的事物名称。历史词在今天日常生活中一般很少涉及,只有在介绍历史现象、事件、人物时,特别是描写古代生活的历史学著作或影视剧中才会使用。这些历史词既有表示古代官职的,也有表示古代神话传说人名和古代器物的。如英语中的"halberd(中古时期用的戟)""cuirass(旧时骑兵穿的胸甲)""cross-bow(旧时用的十字弩)"等词;汉语中的"状元""驸马""精卫""盘古""鼎""阙"等词。

古语词中的文言词是指古汉语文言著作中的词,其所指事物或现象至今还存在,但是为现代语言中别的词所代替。这些文言词在现代口语中已不大使用,而在某些特定场合时会用到,用来表示庄重严肃、幽默、讽刺等感情色彩,或使文字简洁、匀称。如汉语中的"瞻仰""嗟来之食""须眉皓齿"等词,以及某些虚词"之""乎""甚""亦""而"等;英语中的"thou(you)""dame(woman)""thee(you的宾格)"等词。这些文言词虽然没有独特的作用,但不能滥用,否则会出现半文半白的情况,显得不伦不类。

2. 新词

新词是指过去没有而新创造出的词。随着社会不断发展,新事物的产生和旧事物的消亡,这些变化对语言最直接的影响就是新词的产生。语言发展的各个历史时期都会产生新词来反映新出现的事物,所以新词是相对的,没有绝对的永远的新词。如英语的"clone(克隆)""log-off(脱机)""think tank(智囊团)"等;我国二十世纪五六十年代出现的新词"样板戏""供销社""人民公社"等、改革开放初期出现的新词"个体户""下海""家庭承包制"等、网络普及后出现的新词"微信""支付宝""网银"等。这些词语在某个时期都是新词,但是现在已经不再是新词甚至有些已经淘汰不再使用了。

新词有狭义和广义之分。狭义的新词是指利用原有的构词材料按照一定的构词方式创造出来的词。如英语的"ecocrisis(生态危机)"就是由"eco"和"crisis"组合成的新词;汉语的"内卷""躺平"就是用原有的语素"内"和"卷"、"躺"和"平"作为构词材料,并按照相应的构词方式构造出来的一个新词。广义的新词是指原有的词产生了新的意义和用法。如英语的"mouse"原指"老鼠",后引申出"鼠标"的意义;汉语的"补丁"原指"补在破损衣物上的布片",现引申为"弥补电脑软件缺陷的小程序"。除此之外,还有英语的"window""google""memory""bikini"、汉语的"宰""菜单""桌面""触电"等,这些新词都是在原有词义的基础上产生了新的意义和用法。

3. 方言词

方言词是指某一地区的方言词汇。方言词在语音、结构形式以及对同一事物的指称方面跟民族共同语的词有所区别,明显带有自己的词汇特色。在汉语里,各个方言的词汇很多与普通话不同,特别是南方地区。以汉语"母鸡"为例,成都称之为"鸡母""鸡婆",苏州称之为"雌鸡",温州称之为"草鸡""鸡娘",长沙称之为"鸡婆子",南昌称之为"鸡婆",广州称之为"鸡㜑(下过蛋)"和"鸡项(未下过蛋)",梅县称之为"鸡嬷(下过蛋)"和"鸡媛(未下过蛋)",厦门称之为"鸡母(下过蛋)"和"鸡赖(未下过蛋)",福州称之为"鸡母"。这些方言词同指某一事物,意义相同,仅是说法不同罢了。

另外,同一个词,在各方言中的意义范围不同。以汉语"水"为例,粤方言、客家方言用来兼指"雨",下雨叫"落水";浙南闽方言专指"凉水",词义范围比普通话窄很多。

随着各方言区人们交往的日益密切,有些方言词的使用范围逐渐扩大到其他方言区,成为很多方言区共用的词,而后被普通话所吸收,成为普通话词汇的一员。

4. 外来词

外来词又称借词,是指从外族语言中连音带义翻译或借用过来的词。它是不同民族在交流过程中把对方语言的词吸收到本族语言的结果。各种语言的词汇中都有很多外来词,英语、德语、法语等同属于印欧语系,它们之间借用的词语非常多。而且还有不少共同借自拉丁语或希腊语中的外来词,如"nation(民族)"这个词都被英语、德语、法语等借自于拉丁语。再如汉语的"沙龙"借自于法语"salon","吉普"借自于英语"jeep";英语的"typhoon"借自于汉语"台风","jiaozi"借自于汉语"饺子","kongfu"借自于汉语"功夫",以及早期的"silk(丝绸)""china(瓷器)"等都借自于汉语。另外,汉语的"无线电""蜜月"与英语的"wireless""honeymoon"等词只是借义而没有借音,以及诸如"电话""民主""科学"等的意译词,这些词一般不属于外来词。

(三) 从地位用途划分

根据词在词汇系统中地位用途的差异,可以把词划分为基本词汇和一般词汇。

1. 基本词汇

基本词汇是指语言使用者在日常生活中普遍使用的词,它是整个词汇系统中最为稳定、核心的部分,并和语法一起构成语言的基础。因此,基本词汇很重要,是那些产生较早又比较稳定、使用频率高、生命力强、为全民所理解的词。基本词汇具有全民常用性、稳固性和能产性三个主要特点。

(1)全民常用性

构成基本词汇的各个词都是语言使用者在交际中频繁出现,不分行业、阶级、地域、文化程度等,为全民所共同使用。如汉语的"天""地""大""小""冷""热""男""女""的""了"等、英语的"big""small""man""woman""say""think""fish""red""hot""fire"等。基本词汇的使用范围极广,在日常交际中普遍使用,因此掌握不了一种语言的基本词汇,就无法使用这种语言进行交际。

(2)稳固性

基本词汇反映的是自然界和社会生活中最基本的事物和概念,指称这些对象的词具有悠久的历史,词义也没有很大的变化。一方面,基本词汇在千百年前就有了,为人们所长期使用,一般不容易发生变化。如"牛""羊""门""山""水"等词,早在三千多年前的甲骨文中就已经存在,并将继续使用下去。另一方面,基本词汇的稳固性并不是说它是一成不变的。随着社会历史的不断变迁,一些原有的基本词汇变成了一般词汇,如"寡人""玉玺""国营""粮票""喇叭裤"等;还有一些单音节基本词双音节化,不再单独使用,如"眉"被"眉毛"所代替,"目"被"眼睛"所代替,"耳"被"耳朵"所代替等等。

(3)能产性

基本词汇作为构成新词的材料,具有很强的构词能力,往往在基本词汇的基础上创造出大量新词。基本词汇作为构成新词的基础,所创造出来的新词最易让人们理解和接受。如汉语的"打"可以构成"打工""打靶""打官司""打招呼""打扮"等词;英语的"class"可以构成"classic""classicism""classless""classy""classroom"等词。这里需要注意的是,并不是所有的基本词汇都可以构成新词。一些常用的代词、连词、介词、助词、叹词、语气词等,这些基本词汇几乎没有什么构词能力,就不能作为构成新词的基础。

2. 一般词汇

一般词汇是指语言中基本词汇以外的词。相对于基本词汇,一般词汇

总是处于发展变化的状态中。由于社会生活的发展,新事物不断涌现,旧事物不断消亡,这种社会的发展变化首先在一般词汇中得到反映,使得一般词汇具备数量大,变化快,涉及范围广等特点。

语言处于不断的发展变化之中,致使基本词汇和一般词汇在一定条件下可以相互转化。一方面,基本词汇作为构成新词的基础,不断给语言创造新词,充实、扩大一般词汇,使词汇日益丰富,如前面所举基本词汇"打"构成的新词;另一方面,一些基本词汇所表示的事物或概念在人们生活中已显得不甚重要或已经过时,这些词就退出了基本词汇,成为一般词汇,如前面所举的"寡人""国营"等。同时,有些一般词汇所表示的事物或概念在较长历史时期同人们社会生活日益密切,这些词逐渐具有了基本词汇的特点,就转化为基本词汇,如"电脑""法律"等。因此,基本词汇和一般词汇的相互影响、相互转化,就构成了一种语言既相对稳定又不断变化的词汇系统。

(四)从使用领域上划分

根据词的使用领域,可以把词汇划分为通用词和专用词。通用词是指全社会普遍使用的词语,占词汇的绝大多数。专用词是指专用于某些领域、某些行业的某类人使用的词,如农民、渔民、学生、军人都有本领域、本行业所使用的词语。

通用词可以根据使用语言的形式划分为口语词和书面语词。口语词是指口语常用、书面语不常用的词语。如汉语的"尥蹶子""抠门儿""劲儿""给力"等,英语的"help""go""come in"等,这些词一般比较活跃,音节较少,通俗易懂,规范程度较低。书面语词是指在书面语或正式场合使用的、比口语词文雅的词语。如汉语的"遗憾""吝啬""愤慨""居住";英语的"enter""surrender""accumulate"等,这些词一般比较稳固保守(新词除外)、音节较多,温文尔雅,规范程度较高。

专用词可以根据领域、行业等方面划分为术语、行业语等。术语是指自然科学、社会科学各个不同领域专用的词语。如汉语的"高频""放射""加速度""光波""比重""声波",英语的"mass(质量)""ampere(安培)""electric current(电流)""luminous intensity(照明强度)"等都是物理学术语;汉语的"负数""余弦""函数""开方",英语的"pi(圆周率)""infinity(无限大)""cube root(立方根)""the integral of…(……的积分)"等都是数学术语。行业语是指社会各行各业因分工不同而专用的词语。如汉语的"贷款""本金""利息""定期""利率"等是金融行业用语;汉语的"狙击""驱逐舰""航母""歼-20"、英语的"armed service(军种)""general(上将)""reconnoiter(侦察)""radar(雷达)""the enemy's situation(敌情)"等是军事用语。

二、固定短语的分类

从词汇的概念中得知,词汇不仅包括词,还包括固定短语。固定短语是指词与词的固定组合,一般不能任意增减、改换其中的成分。这些定型化的固定短语分为专有名称和熟语两部分。

(一)专有名称

专有名称又称专有名词,是指国家机关单位、社会团体等的名称。凡成立机关,开办工厂、学校等都要形成一个固定的称谓来区别于其他单位,如汉语的"中华人民共和国""云南省""北京大学""中央电视台";英语的"the United Nations""the European Union""Himalayas""Russia"等,它们一般指称某个特定的对象,不能进行一般的组合理解,具有意义的单一性、整体性。

专有名称如果形式较长或成分较多,常进行压缩或省略,形成缩略语。如汉语的"中国人民解放军"简称为"解放军"、"中学、小学"简称为"中小学"、"瞿塘峡、巫峡、西陵峡"缩略为"三峡";英语的"the World Trade Organization"简称为"WTO"、"the World Health Organization"简称为"WHO"、 "the European Union"简称为"EU"等。

(二) 熟语

熟语是指人们经常使用的定型化的固定短语。熟语由于在结构上比较固定,具有独立的造句功能和表意功能,已成为词汇系统中比较特殊的成员。熟语在功能上相当于一个词,既有以短语形式出现的成语、惯用语,也有以句子形式出现的谚语、歇后语等。

1. 成语

成语是指人们长期相沿习用的固定短语。不同的民族语言中,成语的类型、范围不尽相同,但大多具有形象生动、寓意深刻、凝练简洁、格式固定的特点。

汉语里的成语一般是四音节的,如"百花齐放""望梅止渴""狼子野心""叶公好龙"等,也有成语不是四音节的,如"莫须有""大意失荆州""欲速则不达""项庄舞剑,意在沛公""五十步笑百步"等。另外,成语大多来源于神话语言(如"精卫填海""守株待兔")、历史故事("四面楚歌""夜郎自大")、诗词文句(如"学而不厌""白驹过隙");还有一些成语来源于其他国家或民族,如"火中取栗"源自法国寓言,"天方夜谭"源自阿拉伯民间故事。

其他语言虽然没有与汉语相同音节的成语,但也有类似的成语的习惯用语或寓言故事。如英语的"wall have ears(隔墙有耳)""kill two birds with one stone(一箭双雕)""Do well and have well(善有善报,恶有恶报)""practice makes perfect(熟能生巧)"等。

2. 惯用语

惯用语又称习语,是指人们口头上经常使用的短小定型的习惯用语。惯用语在许多语言中都有普遍运用,具有简明生动、通俗有趣的特点。汉语的惯用语一般是三音节,如动宾式的"开后门""走过场""钻空子""磨洋工""碰钉子"等,偏正式的"下马威""闭门羹""墙头草""老油条""主心骨"等,主谓式的

"天晓得""天照应"等。也有一些惯用语不是三音节的,如"打退堂鼓""生米煮成熟饭""说曹操曹操到""打开天窗说亮话""半路杀出个程咬金"。

其他语言中的"俚语"有点类似汉语的惯用语。如英语的"a jack of all trades(三脚猫)""to dance on a tight rope(走钢丝)""carry the house(满堂彩)""to kiss the hare's foot(姗姗来迟)"等。

3. **谚语**

谚语又称俗语,是指广泛流传于民间的通俗简练而富有含义的固定短语。谚语的内容几乎完全来源于生活,是人类经验和智慧在语言中的直接反映,具有很强的哲理性、民族性和经验的传递性,深为人们喜闻乐见。如汉语的"众人拾柴火焰高""心急吃不了热豆腐""天下乌鸦一般黑""情人眼里出西施""当家才知柴米贵,出门才晓路难行"等。

其他语言中也有俗语,如英语的"No pains, no gains(不劳而获)""Enough is as good as a feast(知足常乐)""A friend in need is a friend indeed(患难见真情)"、德语的"Im Sturm erkennt man erst den guten Kapitän(暴风雨中才知船长好)"、法语的"La vie d'un homme est un trajet difficile et tortueux(人生无坦途)"、日语的"昨日の友今日の怨(昨日称好友,今朝变仇敌)"等。

4. **歇后语**

歇后语是指人们口头流传的一种类似于谜面、谜底两部分组成的说明道理的固定短语。前一部分是一个比喻或隐语,述说一种情况,后一部分对前面部分进行解释和说明,是整个歇后语的真正语义所在。

歇后语一般存在于汉藏语系的语言中,其结构相对固定,口语色彩浓厚,具有生动活泼、幽默风趣的特点。如汉语的"大路上的电线杆——靠边站""孔夫子搬家——尽是书(输)"、彝语的"坐在树下数猴子——白数""孩童骑木棍——长处在后边"、傣语的"甘蔗进象口——难拿""火烧芭蕉——不死心"等。

第三节 词汇的构造

词汇是由许多词语构成的系统,这些词语是由更低一级的语素单位构成的。由于语素构成成分的不同情况,词语可以形成各种不同的构造方式。

一、语素及其分类

(一) 语素的定义

语素是指语言中最小的音义结合体,其作用就是用来构词。语素既是词汇单位,又是语法单位,因而语素的意义包括表示事物、现象的词汇意义和表示语法作用的语法意义。如汉语的"懂"是一个语素,其词汇意义是"明白、了解",语法意义是动词;英语"books"里面的"-s"是一个语素,没有词汇意义,仅有语法意义"表复数"。

语素是音义结合体,也就是语素应该具有语音形式和意义两方面,二者缺一不可。如汉语的"语言"由"语"和"言"两个语素构成,二者既有固定的读音,也有确定的意义。没有意义的语音形式不是语素。如汉语"蝴蝶"中的"蝴"虽然有语音形式,但没有意义,所以不是语素。确定语素一般使用替换法,即对某个语言片段(一般是双音节)中的各个成分进行同类替换的方法。如汉语的"铁路",其中的"铁"可以被其他语素所替换,形成有意义的"马路""公路""道路"等,而"路"也可以被其他的语素所替换,形成有意义的"铁匠""铁皮""铁丝"等,那么"铁"和"路"各是一个语素。英语的"worker",其中的"work"可以被其他语素所替换,形成有意义的"teacher""leader" "reader"等,而"-er"也可以被其他的语素所替换,形成有意义的"works""working""workman"等,那么"work"和"-er"各是一个语素。

(二) 语素的分类

语素根据不同的标准可以划分出不同的类型,便于我们理解词的构造情况。

1. 从构词能力上划分

根据语素的构词能力将语素划分为成词语素和不成词语素。成词语素是指能够独立成词的语素。如汉语的"高""喝""了"、英语的"I""know""run"等。这些成词语素既可以单独成词,也能同其他语素组合成词。以汉语语素"高"为例,"个子太高了""他的文化程度高"中的"高"单独作为词来使用,"高级""高大""高层"等词中的"高"可以跟其他语素组成词;以英语语素"teach"为例,"I'll teach you to swim""It's difficult to find teach in a sentence"中的"teach"单独作为词来使用,"teaches""teaching""teacher"中的"teach"可以跟其他语素组合成词。

不成词语素是指不能单独成词的语素。如汉语的"民""语""老"、英语的"-er""co-"等,这些不成词语素不能单独回答问题、充当句子成分,仅能同别的语素组合成词。以汉语"民"为例,只有跟其他语素组成"人民""农民""网民""民主""民生"等词后才能独立运用;以英语"-er"为例,只有跟其他语素组成"reader""writer""singer""speaker"等词后才能独立运用。

2. 从在词中的作用大小划分

根据语素在词中的作用大小将语素划分为词根语素和附加语素。词根语素是指表示词的基本意义的语素,是词的核心部分,如上面提到的成词语素"高""know""run"等和不成词语素中的"民""语"等。附加语素是指采用附加的方法附着在词根语素上的语素,如不成词语素中的"老""-er""co-"等。每个词必须有词根语素,但可以没有附加语素,而附加语素需要依附在一定的词根语素上,才能显出其附加性的意义。

附加语素要么具有附加性的词汇意义,要么具有附加性的语法意义,要么二者兼而有之。在附加语素中,表示附加性词汇意义的语素叫作词缀语素,与词根语素合称为构词语素,如英语单词"worker"中的"er";只表示附加性语法意义的语素叫作构形语素。构形语素只表示同一个词的不同语法意义,不引起词汇意义的改变,因此构形语素涉及的是语法的形态变化,即语法范畴,是语法学的研究对象,如英语中表复数的"s""es",这里主要讲构词语素。

词缀语素根据与词根的相对位置可以划分为前缀、后缀和中缀。前缀是指位于词根之前的词缀。如汉语"小王""小李"中的"小"、"阿姨""阿毛"中的"阿";英语"prepare""predict"中的"pre-"、"unhappy""unknown"中的"un-"等。后缀是指位于词根之后的词缀。如汉语"胖子""瓶子"中的"子"、"作者""记者"中的"者";英语"lovely""friendly"中的"-ly"、"hopeful""peaceful"中的"-ful"等。中缀是指插在词根中间的词缀。中缀比较少见,汉语"糊里糊涂""傻里傻气"中的"里"和"神乎其神""微乎其微"中的"乎"可看作中缀;马来语的"pelatuk(啄木鸟)"由"patuk(啄)"加中缀"-el-"构成,"vinagila(信号)"由"vagila(显示)"加中缀"-in-"构成等。

在一个词的内部,词根语素与词缀语素构成一个词的词干,表达这个词的基本词汇意义。如英语的"mislead","mis-"是前缀,"lead"是词根,二者合在一起表示这个词的基本意义。构形语素大多附加在一个词的词干末尾形成词尾,表达这个词的语法意义。如英语"looked"中的"-ed"、"watching"中的"-ing"等。以"farmers(农民们)"为例,词的内部结构及其关系如下表:

表 4－1　词的内部结构及其关系表

farm	er	s
词根语素	附加语素	附加语素
	词缀语素	
构词语素	构词语素	构形语素
词干		词尾

农	民	们
词根语素	词根语素	附加语素
构词语素	构词语素	构形语素
词干		词尾

在上表中,"farm"表示"农业"这一基本的词汇意义,是词根语素、构词语素;"-er"表示"……的人"这一附加的词汇意义,是附加语素、词缀语素、构词语素;这二者组成了"farmers"一词的词干。"-s"是附加语素、构形语素,形成词尾,表示该词的"复数"这一语法意义。

二、词的构造

词是由语素构成的,因此词的构造可以从构词法和造词法两方面来考察,二者既有联系又有区别。

(一) 构词法

构词法是指词的结构方式,是从静态的角度把词的结构方式描写出来。根据构成词的语素的多少可以划分为单纯词和合成词。单纯词是指由一个构词语素构成的词,如汉语的"天""了""哭"、英语的"hill""run""to"等。

合成词是指由两个或两个以上的构词语素构成的词。根据构成语素的类型和关系,将合成词分为复合词、派生词和重叠词。复合词是指由两个或两个以上的词根语素复合而成的词。如汉语的"胆怯""知己""国家""扩大""火红"、英语的"honeymoon""earthquake""workshop"等。汉语中复合词结构类型与短语、句子基本一致,包括主谓、动宾、偏正、补充(中补)和联合五种。复合式构词是现代汉语最主要的构词类型,其中偏正型最多,主谓型最少。

派生词是指词根语素附加词缀语素构成的词。如汉语的"绿化""初一""瘦子"、英语的"reaction""irregular""dislike"等。派生词在汉语中相对较少,但在形态丰富的语言中大量存在,是其最主要的构词类型。

重叠词是指由两个相同的词根语素重叠而成的词。重叠词在其他语言中不太常见,多见于汉藏语系的语言。如汉语的"姐姐""哥哥""刚刚""常常"等。这里需要注意的是,不是所有的重叠形式都是重叠词,如"奶奶""姥姥""猩猩"等意义不能再分解,本身只是一个语素,属于单纯词。

(二)造词法

造词法是指新词的产生方法,是从动态的角度考察新词产生的方法或途径。造词法涉及很多方面,存在不同的见解,总的来说包括语音、词汇、语法三个方面的构造方法。

1. 语音材料造词法

语音材料造词法是指利用语音手段创造新词的方法。

(1)拟声造词

拟声造词是指模拟自然界某种事物现象的声音造出新词的方法。如汉语的"轰隆""哗啦"等纯粹模拟自然声音的拟声词,"蛐蛐""蝈蝈"等表示动物名称的词,"布谷""叽叽喳喳""哞""哞"等表示动物叫声的词。英语的"tinkle""bomb""tick""ticktack"等也都是拟声造词。这些词的读音不仅大体像某种现实的声音,而且可以强化词的听觉效果。

(2)改变非音质音位造词

改变非音质音位造词是指通过改变声调造词的方法。汉语的这种造词方法在古代使用很普遍,如"食不语"中的"语"是说话的意思,读上声,"语人曰:我不能"中的"语"是告诉的意思,读去声;"上"作为方位词时读去声,作为动词时读上声。这种方法所造出的词在现代汉语中大部分消失,但仍保留了一部分,如"难"在"难处""难熬""困难"等词中读阳平,在"难民""灾难""避难"等词中读去声;

"散"作为形容词时读上声,作为动词时读去声。英语也存在通过改变重音位置构造新词,如"subject""contract""present"的重音不同,分别表示名词、动词。

2. 词汇材料造词法

词汇材料造词法是指利用词汇材料创造新词的方法,这种方法使用最多,造出的词也最多。

(1)复合法

复合法是指由两个或两个以上的语素按照一定关系排列在一起复合成词的方法。这种方法造出的词叫作复合词。如汉语的"电脑"由"电"和"脑"复合成词,"火车"由"火"和"车"复合成词;英语的"boyfriend"由"boy"和"friend"复合成词,"sundown"由"sun"和"down"复合成词;土耳其语的"ana-baba(父母)"由"ana(母亲)"和"baba(父亲)"复合成词,"kəz-erkek(男女)"由"kəz(姑娘)"和"erkek(男人)"复合成词。

需要注意的是,语素的组合与语素义的组合并不完全对应。一种情况是语素与语素复合成词的意义就是语素义与语素义的组合,如"月票"的意思就是"整月使用的票"。一种情况是组合后的词义是语素义通过比喻产生的新义,如"爪牙"比喻帮凶,"心腹"比喻要害部位,而"蚕食""葫芦岛""蛤蟆镜"等则是语素义的前一半用比喻,后一半直接反映事物的本质对象。一种情况是部分语素义的脱落,如"窗户""国家""妻子"等,后一个语素义在词义中已不起作用。英语也存在这种语素义模糊或部分脱落的情况,如"flatfoot(侦探)""tableland(高原)""cathouse(妓院)"等词无法根据语素义推知其词义,"gooseberry(醋栗)"中的"goose(鹅)"语素义脱落,与其词义关系不大。

(2)附加法

附加法是指词根上附加词缀构成新词的方法。这种方法造出的词叫作派生词。如汉语的"房"与"房子"、"瓶"与"瓶儿",英语的"possible"与"impossible"、"care"与"careless",俄语的"действие(作用)"与"противодействие(反作用)"、"нормальный(正常的)"与"абнормальный(反常的)"。

词缀根据与词根的相对位置分为前缀、后缀和中缀三个小类,而不同位置的词缀在构词中往往有不同的作用。一是前缀在构词中通常只改变词的抽象意义,不改变词的词性。如"active"变为"inactive"只是增加了否定义,词性却没变。二是后缀除了改变词的抽象意义,也改变词的词性。如汉语的"盖"和"盖子"、"胖"和"胖子",英语的"imagine(想象)"和"imagination(想象力)"、"produce(生产)"和"productive(肥沃的)"等词的词性、词义都发生了变化。三是构词中既有前缀又有后缀,那么该词既改变词的抽象意义,也改变词性。如"useful(有用的,形容词)-usefully(有用地,副词)-usefulness(有用,名词)"与"unuseful(无用的,形容的)-unusefully(无用地,副词)-unusefulness(无用,名词)"。

3. 语法手段造词法

(1) 转类法造词

转类法造词是指改变原词的词性而形成另一个新词的造词方法。在印欧语系中,词的基本形式不变,但其与语法形态随着词类不同而变化,因而可看成新词。如英语的"spy"在"a spy(间谍)"中作名词,在"to spy(侦察)"中作动词。现代英语中通过这种方法形成了很多同形的动词和名词、形容词和名词。如"cook"可以表示"厨房"和"烹饪","dog"可以表示"狗"和"跟踪","mask"可以表示"面具"和"伪装","black"可以表示"黑色的"和"黑人","classic"可以表示"经典的"和"经典作品",等等,这些词有时难以分清名词在前还是动词/形容词在前。汉语的"锁""热""在"等词也属于这种造词方法,由于其缺少形态变化,该现象被称为词的兼类。

(2) 逆序成词

逆序成词是指将原来只有合成词形式没有单纯词形式的词,反向截取其中的一个语素再形成单纯词的方法。如英语的"beggar(乞丐,名词)"由语素"beg"和"-ar"构成,其中"-ar"为表示名词意义的词缀,而"beg"原先并不是成词语素,而是后来从"beggar"中截取了这个语素形成了"beg(乞讨,动词)"。类似的还有"cobbler(鞋匠,名词)"截取语素形成了"cobble(修鞋,动词)","sculptor(雕塑家,名词)"截取语素形成了"sculpt(雕塑,动词)"。

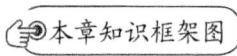 本章知识框架图

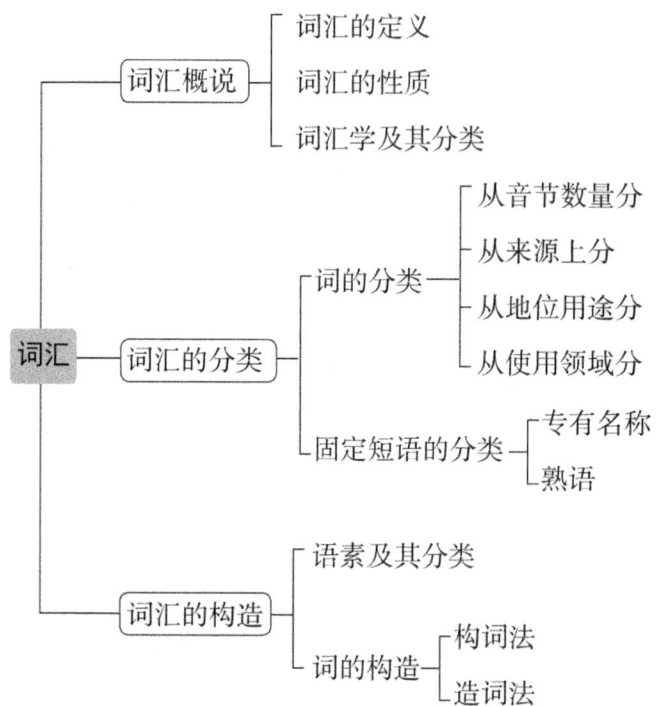

1.什么是词汇？谚语算词汇吗？

2.简述词汇的性质。

3.什么是基本词汇？基本词汇具有哪些特点？

4.什么是熟语？熟语包括哪些类型？

5.语素可以从哪几个角度进行分类？

6.造词的方法主要有哪几种？

第五章 语 法

内容提要：语法是语言的结构规则，作为语言三要素之一，人们需要按其规则组词造句进行交流和沟通。本章阐述和探讨的主要内容有：一是简要介绍语法的概念和性质；二是对语法聚合规则和组合规则进行分析，阐明组合成短语和句子的结构关系；三是对常见语法手段和语法范畴现象进行探讨。

核心概念：语法；语法单位；语法意义；语法范畴；语法形式；语法手段

语言的使用，如同日常工作，具有自身的规章制度。要完成一项工作，首先要弄清规章制度，再对其条分缕析，按章办事。语言中的词、短语和句子亦是如此，它们并非随意组合，而是遵循一定的结构规则，这正是语法所探讨的内容。

第一节 语法概说

一、语法和语法学

（一）语法

语言三要素分别是语音、词汇和语法。语音是语言的物质外壳，词汇是语言的建筑材料,而**语法是语言的构造规则,是词、短语和句子等语言单位的结构规律**。小学阶段经常出现的组句练习,如根据"我们""校园里""在""跑步"这些词语进行排序组句,这些词语如果按照语法规律可以排成十几种序列,而实际话语中可以出现的却很有限,大概只有两三种,其中"我们在校园里跑步。"是其参考答案,较为常见。一般不会说成"校园里在跑步我们。"此类现象的唯一解释就是某种规则决定了人们所说的话语何时是正确的,何时是错误的,而这种说话规则就是语法。

世界上任何一种语言都有语法,都是一种有规律的结构系统。人们根据需要可以造出各种句子,随心所欲地表达思想情感,却不能随意决定词、短语在句子中的位置。如"To be or not to be, that is a question."该句同样受制于英语的语法规则。不管使用哪种语言,说话人必须得使用该语言的语法规则来组织句子,听话人也只有掌握了该语言的语法规则才能很好地使用它,从而避免发生表达上的错误。一旦说话时违反某语言中的语法规则,往往令人不知所云,不好理解。如果把某语言中的语法规则迁移到另一种语言里去,也就违反了另一种语言的语法规则,同样会造成交际障碍。

(二) 语法的性质

作为组织语言单位的内在法则,语法具有抽象性、生成性、递归性、稳固性和民族性。

1. 抽象性

任何语言,其现象和材料都是无限的,单其言语作品就浩如烟海、难以计数。语法的抽象性并不是对这些具体言语作品的说明,而是对无数语言材料中的具体句子进行分析、比较,概括出有限的句子结构规则。语法的抽象性不仅表现在语言的语法单位方面,还体现在语言的语法关系方面。

语言的语法单位是抽象的。不管是汉语还是英语,其语言单位一般分为语素、词、短语、句子。以汉语中的词"学校、景色、看、写、非常、极其、漂亮、用功"等为例,如果对其稍作归纳便可发现,"学校、景色"都能出现在句子的同一个位置,作主语或宾语等,而"看、写"一般可以重叠,能带宾语,多作谓语或动语等,"非常、极其"表示程度,多作状语,"漂亮、用功"则多作定语或谓语等。可见,像"学校、景色"诸类因在语法功能上具有相同语法特征而聚合成一个抽象的"名词"类别,"看、写"诸类因具有相同语法特征抽象为"动词"类别,"非常、极其"诸类因具有相同语法特征抽象为"副词"类别,"漂亮、用功"诸类因具有相同语法特征抽象为"形容词"类别,词语类别之间也因其属性不同有所区别。

语言的语法关系也是抽象的。汉语中存有大量类似这样的句子:"山上有座庙""一切困难都将被全国人民所战胜""今天晴天""他开门出去"等等。这些句子的意思各异,成分也不尽相同,但它们的组合结构趋于一致,都是主语在前、谓语在后,两者之间形成陈述关系,构成主谓句。

由此可见,语法的抽象性是从语言中成千上万个具体的个别的句法结构中归纳、概括出来的。语法不负责解读词、短语和句子中的具体意义,只负责其中的结构规律和格式以及语法意义。

2. 生成性

语法的生成性是指我们可以根据有限的语法规则造出无限语句的可能性。通常,语法是从众多语法成分的组合关系和聚合关系里抽象概括出来的。组合关系和聚合关系是语法规则中最基本的两种关系。组合关系是线性序列中依次出现的语法成分间的横向结构关系。聚合关系是各级语法成分组合过程中所形成的同类相聚的纵向类别关系。例如:

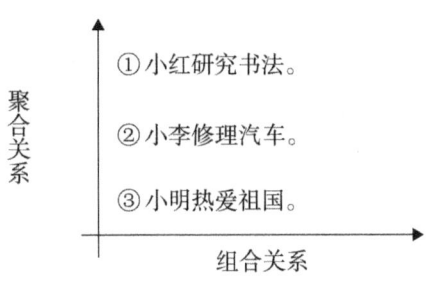

图5-1 语法系统的聚合关系和组合关系

在上面三个句子中,横向形成的是组合关系,"小红"与"研究书法"、"小李"与"修理汽车"、"小明"与"热爱祖国"形成的都是主谓关系,"研究"与"书法"、"修理"与"汽车"、"热爱"与"祖国"形成的都是动宾关系。纵向形成的是聚合关系,"小红""小李""小明"都作主语,是名词,"研究""修理""热爱"都作动语,是动词,"书法""汽车""祖国"都作宾语,是名词。可见,不同的组合关系,决定了句法结构的类型:主谓短语、动宾短语、偏正短语等。不同的聚合关系,决定了语法单位的功能类型:名词、动词、形容词等。基于此,以上3个句子可以生成"小红研究汽车""小李研究书法""小明热爱书法"等27个句子。通过语法的生成性,我们在掌握少量语法规则的基础上就可以说出丰富多样的语句。

3. **递归性**

语法的递归性是指在语言单位组合过程中,有限的各种语法规则可以反复无限地使用,使得简单结构的语句根据某种语法规则可以构成复杂结构的语句。例如:

<u>学生</u>考上了<u>研究生</u>。

<u>部分学生</u>考上了<u>硕士研究生</u>。

<u>汉语言文学专业的部分学生</u>考上了<u>学校的硕士研究生</u>。

……

<u>老师指导的学习汉语言文学专业的部分学生</u>考上了<u>自己心仪学校的硕士研究生</u>。

"学生"与"考上研究生"形成主谓关系,通过定中结构的递归性对主语"学生"、宾语"研究生"进行扩展,如上面例子中有下划线的部分。从中可以看出,上面的语句不管如何扩展,其主语中心依然是"学生",宾语中心是"研究生"。另外,在日常生活中,不同结构的相互嵌套比相同结构的嵌套更加常见。如"你猜我猜你猜不猜。"就是反复嵌套主谓、动宾两种结构的例子。

4. **稳固性**

语法的稳固性是相对的,许多语法规则历经千百年而不变,是就其漫长的历史进程而言的。语言是适应社会的交际需要而产生的,一方面人们借助语法规则的相对稳定,参阅历史文献,以达到学习前人经验、传承文化的目的;另一方面新事物的出现和实际言语活动的语境不断影响着语法规则的发展变化,旧的语法规则的变化和新的语法规则的产生比起语音、词汇来说都是比较缓慢的。例如:

吾十有五而志于学,三十而立,四十而不惑,五十而知天命,六十而耳顺,七十而从心所欲,不逾矩。

《论语·为政》

在上面例子中,这句已流传二千多年的话,从词语形式和意义上看,现代人需要进行学习方能彻底明白其中意义,但从结构关系上,与现代汉语的语法规则就没有太大的区别,表现出语法规则的稳定性。而古时的"三头六臂""七手八脚"这种缺少量词的"数词+名词"语法规则虽有沿用,但在现代汉语的具体运用中一般要加上量词,形成"数词+量词+名词"的语法规则,如"三个头""八只脚""两碗饭"等。可见,语法规则虽有变化,却很缓慢。

5.民族性

语法的民族性是指各民族语言因约定俗成的社会习惯不同而形成的语法特点。在汉藏语系中,各语言主要靠语序和虚词来表达语法意义,而在印欧语系中,各语言主要靠词的形态变化来表达语法意义。例如:

汉语:我喜欢她。 英语:I like her.
她喜欢我。 She likes me.

在上面两个句子中,不管是作主语还是宾语,汉语中的人称代词"我""她"都没有形态变化,只是通过语序来表示不同的语法关系。而英语中的人称代词却有主格"I""She"和宾格"me""her"的形态变化,动词"like"也随主语人称的变化而发生形态改变:主语是第一人称时,动词用"like";主语是第三人称时,动词用"likes"。可见,不同语言在语法层面都有明显的民族特点。

（三）语法学

语法学是研究、描写、解释语言结构规律的科学。根据不同时期的语法理论体系和描写方法，语法学可分为传统语法、结构主义语法、转换生成语法和功能语法，这些分类各有特点，代表了不同时期的研究取向。

1. 传统语法

传统语法又称"规范语法""学校语法"，它来源于古希腊语法，主要指 18 世纪以来乃至当前学校所使用的语法理论。传统语法分为词法和句法两部分，词法主要研究词的变化和构成，包括词的结构、词的变化和词的语法分类等内容；句法主要研究组词成句的方式、关系和类型，包括短语的结构规则、短语的类型和句子结构等。

传统语法以词法为主，并以词类与句法成分的对应关系来分析句子，重视句子的主干部分，形成句子成分分析法或中心词分析法的基本方法。传统语法以印欧语为基础，立足于词的形态变化，因而词法内容非常丰富，而句法内容相对简单。传统语法主要归纳和制定正确使用语言的规则，在教育界的影响巨大，常年运用于语法教学，我国中学所讲授的语法理论也主要以传统语法为理论背景加以阐述。

2. 结构主义语法

结构主义语法又称"描写语法"，兴起于 20 世纪初，是在批判传统语法的基础上形成的，创始人为瑞士语言学家索绪尔。

结构主义语法不以词而以语素作为基本的语法单位，取消了词法与句法的界限；重视语言结构的系统性，从组合关系和聚合关系来研究语言内部各成分间的结构关系，强调整体与成分间的关系取决于语言的内在规律；在分析方法上，采用直接成分分析法或层次分析法，注重从整体上认识语法成分的对应关系和层次性。结构主义语法侧重语言结构的描写，运用语言分析的形式化和分析程序切分句子的结构和层次。

3. 转换生成语法

转换生成语法又称"转换语法""生成语法",兴起于 20 世纪中叶,是在批判结构主义语法的基础上形成的,创始人是美国语言学家乔姆斯基。

转换生成语法注重揭示隐藏在语言使用形式背后的语言能力——人们是怎么说出句子和理解句子的;主张将输入人脑的语言材料加工整理出一套形式化的规则系统,并按该规则系统生成无数新的符合语法的句子;在分析方法上,采用转换分析法,强调如何通过转换规则将句子从语言能力范畴的深层结构转换为语言行为范畴的表层结构。转换生成语法注重深层结构和语言能力,意在解释语言的生成机制。

4. 功能语法

功能语法又称系统功能语法,兴起于 20 世纪 60 年代,是在英国伦敦学派的理论基础上发展起来的,创始人是英国语言学家韩礼德。

功能语法强调语言的社会功能,注重研究语言的外部因素;认为语言是反映人类一般认知能力、负载交际功能的符号系统,并以意义作为主要研究对象;主张尽可能用人类普遍的认知机制来解释语言能力,从社会角度来解释语法的内部构造,以便研究语言的意义、功能,以及人类的认知规律和特点。功能语法研究语言内部结构、语言使用与社会、语境等外部因素的制约关系,以及这些因素对语言内部结构的影响。

二、语法单位

语法单位是指能在语言组合的某一位置上被替换下来的片段。不同语言中的语法片段基本上是相同的,其语法单位是分层次性的,多数语法单位与其他语法单位按照一定的规则可以组合成较大的语法单位,复杂的语法单位一般也可以分解为较小的语法单位。根据语法单位的特点从低到高依次划分为语素、词、短语(词组)、句子四种。

语素是语言中最小的音义结合体,也是最低一级的语法单位。所谓"最小"是指不能再被切分,或切分了就不再具有原来的意义了。语素可以用一个或几个音位来表示,也可以用一个或几个音节来表示。如英语"desks"中,"desk"本身不能再被切分,是一个音节来表示语素,"-s"是一个音位来表示语素。语素的作用在于构词,有的可以组合成词,有的可以单独成词。

　　词是最小的能够独立运用的语法单位。所谓"独立运用"是指能够单独成句或单独作句法成分或单独起语法作用。既能单独成句,又能作句法成分的情况为名词、动词、形容词等大部分的实词;只作句法成分,却不能单独成句的情况为副词、区别词、量词等少部分实词;既不能单独成句,又不能作句法成分,仅能起到语法作用的情况为助词、介词、连词等虚词。词的作用在于构成短语,也可以直接加上句调单独成句。

　　短语是由词组成的、没有句调的语法单位。短语和词相当,都是构成句子的备用单位,大部分短语加上句调成为句子。对短语的研究旨在描写其构成的内在关系和类型,虽然不同语言中短语的类型和形式有所不同,但它们的最终目的都是为句子类型的归纳做准备。

　　句子是由词或短语组成的、具有特定的句调、能表达一个相对完整意思的语法单位。句子是我们日常话语的使用单位,它可长可短,取决于交际意图、语境等因素,它的作用在于构成篇章。对句子的研究旨在归纳其结构、语气等方面的类型,用来解释句子内部所含有的语义关系及其类型。

第二节　聚合规则

　　语法的聚合规则就是语法单位的分类和变化的规则。具有相同语法特征的单位总是聚合成类,其中最普遍的就是词类。词类是指将一种语言中所有的词按照语法特征的不同划分出来的类别,这就涉及到划分词类的标准和词的兼类问题。

一、划分词类的标准

每种语言都有非常大数量的词,人们按照不同的标准对其进行分类。根据词的音节多少将其分为单音节词、双音节词和多音节词;根据词指称的对象类别将其分为工具词、亲属词、颜色词等;根据词的构成方式将其分为单纯词、合成词、派生词等;根据词的意义将其分为同义词、反义词、多义词等。以上分类都很重要,但不是词的语法分类。词类作为语法学的专门术语,是指按照语法标准进行的分类,划分词类的目的在于讲述词的用法,归纳其语法特点。五千多种世界语言划分词类的标准大致可以分为三类:意义标准、形态标准和语法功能。

(一) 意义标准

词的基本功能在于表义,这与一般日常生活中所接触到的词多有吻合。如名词用来表示人或事物名称,动词用来表示动作或行为,形容词用来表示事物的性质或状态等等。公元前 100 年,古希腊学者狄奥尼修斯·特拉克斯写出的西方第一部系统的《语法术》一书就采用了该方法,将词分为静词、动词、代词、冠词等八类。秦汉时编撰的我国最早一部释义词典《尔雅》同样按照意义标准将词分为诂、言、训、亲、宫、天、地等十九类。由于从意义上把握词的类型有着深厚的历史经验,这种按意义标准进行的分类成为传统,一直沿用下来。我国第一部语法学著作《马氏文通》在体系和术语方面也都效法这种分类。

这种按意义标准进行的划分易造成所有语言都有相同或大体一致的词类,然而事实上却有很大差别。如果将意义相同或相近的词划分在一起,不利于科学认识它们的本质,如英语中的"safe"和"safeness"、汉语中的"刚刚"和"刚才",这些词的语法特点存有很大的区别;如果按意义标准将词分得足够详细,还可能出现有多少词就划分多少词类的局面。

(二)形态标准

形态标准是以词的形态变化来划分词类。由于不同语言的语法特点不同,有些语言形态变化丰富,有些语言缺乏形态变化。形态变化丰富的语言可按形态标准进行划分,英语中的名词限定于具有数、格等语法范畴的形态变化,如"gir-girls""brother-brother's"等,动词限定于具有时、态等语法范畴的形态变化,如"eat-ate-eating""am/is/are writing-am/is/are being written"等。

但是,世界语言中的虚词和形态丰富的语言中的少量实词都没有形态标志,如虚词中的连词、介词、语气词等没有形态变化,英语实词中的"sheep""means""fish"等名词没有单复数的形态变化。另外,形态变化丰富的语言同样在实词里存在词类相同、形态变化不同的情形。英语中的形容词在比较级和最高级方面具有不同的形态变化,如"tall"是"tall-taller-tallest","well"是"well-better-best","interesting"是"interesting-more interesting-most interesting"。可见,形态变化丰富的语言也存在相当数量的词没有形态变化,这些语言不能完全按照形态标准来划分词类,更何况世界上也有缺少形态变化的语言,几乎没有或很少有形态变化,无法依靠形态标准来划分。

(三)语法功能

世界语言中的词可以根据其语法功能的异同加以分类,语法功能是指词在语句中充当句法成分的能力,以及词与词的组合能力。换句话说,就是某些词能跟什么词进行组合,不能跟哪些词进行组合;在组合中起到什么样的语法作用,或充当什么样的句法成分。汉语中的名词可以作主语、宾语(如"牛吃草""人民热爱祖国"等),受数量短语的修饰(如"五只羊""一辆车"

等),不受副词的修饰(如不能说"不羊""很车"等);动词可以作谓语、动语(如"他走了""我们喜欢他"等),受副词修饰(如"不走""不是"等),带宾语(如"看书""写字"等)。

需要注意的是,某类词的语法功能是根据该类词中最典型的词概括归纳出来的,该类词与其所归纳语法功能间的关系对于聚合成类的所有成员来说都不会是绝对均衡的关系,因而没有哪一个具体的语法功能适用于该类词所有的成员。汉语中的名词一般情况下不受副词的修饰,但个别名词可以受副词的修饰(如"山上净树""人不人,鬼不鬼""很中国"等);一般情况下受数量短语的修饰,但特殊情况下可以直接受数词的修饰(如"一人我饮酒醉""七嘴八舌""五湖四海"等)。汉语中的动词受副词修饰,但有的动词不能受副词"不"的修饰(如不能说"不有"),大多数动词能带宾语,但少部分不能带宾语(如"游泳""鞠躬"等)。

综上,划分词类的标准和某一具体语言应划出几个词类一直是语法学界争论的话题。三类标准中的意义、形态和语法功能在不同的语言中其重要性各不相同。形态丰富的印欧语主要凭借形态标准和语法功能划分词类,辅之以意义标准,但当形态标准和语法功能出现抵触时,语法功能总是占据主导地位。如英语的"pretty""big""hot"具有相同的形态变化,而"interesting""beautiful"等词没有这种形态变化,但是这两组词却都被看作形容词,就是因为这些词在语法功能上是相同的。对于像汉语这种基本没有什么形态变化的语言主要凭借语法功能划分词类,辅之以意义和形态标准。因此,主要依据语法功能来划分词类,不管是缺乏形态变化还是形态丰富的语言都是普遍适用的分类方法。此外,无论以哪种标准作为主要依据,不同语言得出的词类结果亦存在差异。如汉语中大量的语气词、量词,而英语、德语等语言基本没有;英语中有定冠词 the,汉语里则没有。

二、词类的层次系统

词类客观地存在于每一种世界语言中,意义标准、形态标准和语法功能可以在不同层次上进行考察,形成一个层次系统。不同语言中的词类数量和特征并不完全相同,世界语言的词类划分一般分为三个层次:一是根据某类标准将词分为实词和虚词两大类,或称为开放性词类和封闭性词类;二是再根据某些标准将实词和虚词分别划分出名词、动词、数词、冠词、区别词等若干基本词类;三是在各个基本词类内部再细分出若干小类,如名词细分为可数名词和不可数名词、形容词细分为性质形容词和状态形容词等等。

前两个层次系统划分出来的词类称为大类,最后一个层次划分出来的词类称为小类。大类与小类划分的标准和方法不尽相同,大类主要根据词的语法功能进行划分,小类在考虑词的语法功能基础上,还要注重词的语义特征,因而不同语言中的小类划分存在的差异比大类划分要明显得多。如英语中根据能否带宾语将动词划分为及物动词和不及物动词,而现代汉语不仅考虑动词能否带宾语,还要看它所带宾语在语义类型上的不同。这是因为现代汉语中大多数动词,特别是单音节动词都可以带宾语,如"来了一位客人""割麦子""盖房子",它们所带宾语的语义类型分别是施事宾语、受事宾语和中性宾语。

三、词性和兼类

词类是一种语言中的所有词按照语法标准的不同划分出来的类别,每个词类都包含许多词。词性是某一具体的词因具有某一语法特征而归属于某一词类,这个词属于哪个词类就具有哪种词性。正如吕叔湘在《语法修辞讲话》中所说:"就许多词来说,哪些词属于哪一类,这是词类;就一个词来说,它属于哪一类,这是这个词的词性。"可见,词类是词的语法类别,词性是词的语法属性。词类着眼于整体,讨论的对象是词性相同的一类一类的词;词性着眼于个体,讨论的对象是类属相同的一个一个的词。

一般而言,采用一定的标准对词进行划分后,每个词应该各有其归属。常见的情况就是一词一类,如汉语中的"早晨""思想""学生"等词和英语中的"people""window"等词都只属于名词等等。由于语言经济原则的缘故,在某词本义或基本义的基础上派生出新的意义,产生新的功能,此时这些词就经常同时具备两类或几类词的主要语法功能,兼属不同的词类,这种情况就是词的兼类,这样的词就是兼类词。如英语中的"cook""fire""watch"等词和汉语中"领导""代表""病"等词兼属名词和动词。

第三节 组合规则

因各自语法属性而聚合成类的词,其最终价值就是通过一定的结构关系组合成短语和句子。短语是由词与词组合而成的,句子是由词和短语组合而成的,因此语法的组合规则研究的主要内容就是词与词的结构关系以及由此带来的整体结构意义。

一、短语

短语又称词组,是由两个或两个以上的词按一定语法规则组合而成。世界语言中的短语和句子是无穷的,但其组合规则却是有限的,归纳起来可以分为主谓、动宾、偏正、中补和联合五种基本结构类型。这五种基本结构类型体现了词的五种基本组合关系。

（一）主谓结构

主谓结构由主语和谓语两部分构成，主语是被陈述、被说明的对象，谓语是陈述、说明主语的。如"阳光/明媚、水平/高、I /have a dream、The world /is changing"。不同语言中主谓结构的形式表现有所差异，世界上大多数语言的主语是在谓语之前，如汉语和英语等，也有极少数语言的主语是在谓语之后，如希伯来语和古阿拉伯语等。

汉语的主语部分既可以是名词性的，如"气温/下降""今天/晴天"，也可以是谓词性的，如"熬夜/伤身体""谦虚/是一种美德"。汉语的谓语部分既可以是谓词性的，如"他/来了""她/很开心"，也可以是名词性的，如"昨天/星期一""他/云南的"。这里需要注意的是，名词性主语和谓词性谓语是常规的、无条件的，而谓词性主语和名词性谓语则是有条件的。英语的主语部分由名词性成分充当，谓语部分由谓词性成分充当，如"The sun gives"，主语是名词"sun"，谓语是"gives"。原本是动词的成分如果要做主语，必须把动词变为不定式或动名词的形式，如"Walking in space was a happy experience"。

（二）动宾结构

动宾结构是由动语和宾语两部分构成，动语表示动作行为，是支配、涉及后面的宾语，宾语表示人或事物，是动作行为所支配、涉及的对象。如"影响/交通、吃/西瓜、thank/ you、ring/ the alarm"。动宾结构是世界语言中普遍存在的结构，只是有些语言中的宾语是在动语之后，如汉语、英语、法语、德语等，有些语言中的宾语则在动语之前，如日语、朝鲜语、傈僳语、彝语等。

汉语的动语部分几乎都是动词性的，如"写/字""喜欢/游泳"。宾语部分既可以是名词性的，如"盖/房子""洗/衣服"，也可以是谓词性的，如"爱干净""喜欢打乒乓球"。

(三) 偏正结构

偏正结构是由修饰语或限定语和中心语两部分构成,修饰语是描写或限定中心语的,起到修饰、限定的作用,中心语是被修饰、被限定的部分。名词性偏正结构的修饰语叫定语,谓词性偏正结构的修饰语叫状语,故偏正结构可分为定中结构和状中结构。定中结构如"大型/演唱会、石头/房子、her/ promise、many/ flowers",状中结构如"十分/想念、慢/走、work /hard、laughed /happily"。

有些语言偏正结构中的修饰语在中心语之前,如汉语,有些语言偏正结构中的修饰语在中心语之后,如法语。汉语的定语部分既可以是名词性的,如"小明/的书""丽江/景色",也可以是谓词性的,如"动人/的笑""学习/的资料";状语部分既可以是谓词性的,如"快/跑""能/来",也可以是名词性的,如"今天/走""电话/联系"。英语偏正结构中的修饰语既可以在中心语之前,也可以在中心语之后,如"my/ father""very/ good""to cry/ aloud""go/ away"。

(四) 中补结构

中补结构是由中心语和补语两部分构成,中心语表示动作行为或性质状态,补语是中心语后面的补充成分,起到补充说明的作用。一般认为中补结构是汉语才有的组合结构。

汉语中补结构的中心语在补语之前,中心语由谓词性词语充当,补语由趋向动词、形容词、少量副词等成分充当,如"跳/出来""站/好""忙/极了""热/得浑身流汗""走/向深渊"。

(五) 联合结构

联合结构是由两项或两项以上语法地位平等的部分构成,它们之间具有并列、选择或递进关系,常用"和(and)""或(or)"等词表示。世界语言联合结构中的各项词性既可以是名词性,如"河南和四川""语音、词汇和语法""ladies and gentlemen",也可以是谓词性的,如"讨论并通过""singing and dancing""年轻漂亮"。

二、句子

句子是指能够表达一个相对完整意思的具有一定句调的语言单位。它是由词或短语加上句调组成的,是动态的运用单位,是最大一级的语法单位。换句话说,在此单位基础上,句子可以分解成各种构成成分,这些成分及其组合关系都可以得到充分的描述,并纳入到语法规则的范围。

句子是在言语交际过程中产生的,是最小的言语单位,我们平常所说的每句话都是句子。作为语言交际中最基本的单位,句子按结构类型分为单句和复句。由一个词或短语构成的句子是单句,再根据句子是否有主语和谓语,将单句分为主谓句和非主谓句。除了这些基本结构形式外,不同语言还有一些特殊句式,如汉语的"被"字句、"把"字句,英语的强调句、"there be"句型等。由两个或两个以上单句复合而成的句子是复句,包含在复句中的单句是分句,再根据分句间的意义关系分为联合复句和偏正复句两大类。

句子按照语气分为陈述句、疑问句、祈使句和感叹句。陈述句用于叙述或说明事实,有肯定或否定形式,一般带有陈述的句调。疑问句用于提问,带有疑问的句调,从结构类型看,有是非问、特指问、选择问、正反问等类型;从交际方面看,有反问句、设问句两类。祈使句用于向听话人提出要求、请求或命令等,要求对方做或不做某事,带有祈使的句调。感叹句用于抒发快乐、厌恶、恐惧等浓厚的情感,带有感叹的句调。

第四节　语法手段和语法范畴

语法是语言的结构规则,其形式和意义相互依存,是语言单位组合中不可分割的统一体。语法研究的一个重要任务就是探讨语法形式和语法意义的各种复杂关系。

一、语法意义与语法范畴

(一)语法意义

语法意义是指词与词在组合过程中凭借一定的形式表现出来的内部关系意义和外部功能意义。 如汉语的"握紧"是中补结构,"紧"对"握"的情况进行补充说明;"紧握"是偏正结构,"紧"限制"握"的方式,这里的补充说明与限制关系,就是语法意义。

关系意义是指各语法单位组合后所形成的内部结构关系。单句的各种句子成分,如主语、谓语、宾语等都是从关系意义上命名的。复句中的各种类型,联合复句中的并列、选择、递进等,偏正复句中的条件、因果、转折等也都是根据各分句间的关系概括出来的。功能意义是指各语法单位的作用和功能,用来切分语法单位、划分词类,也用来确定句子成分,给句子进行分类等,如名词主要作主语、宾语,副词作状语等。

语法意义的数目很多,可以概括为词类、句子成分、句型、句式、句类。就英语而言,有单数、复数、主格、宾格、现在进行时、一般现在时等;就汉语而言,有主谓、动宾、中补、进行时等。这些具体的形式所表示出的语法意义数量多而复杂,因此需要将这些语法意义进行类别归纳,概括出语法范畴。

(二)语法范畴

语法范畴是指以词形变化的方式表现出的语法意义的聚合。表示语法意义的手段既有综合性的也有分析性的,语法范畴一般是用综合性手段表示的语法意义类别。世界语言体系中常见的语法范畴主要有性、数、格、时、体、态、人称、式、级。

1. 性

性是指通过词形变化的方式表示有关人或事物的性别特征。欧洲许多语言都有性范畴,如俄语、白俄罗斯语、乌克兰语、德语、希腊语、冰岛语、拉丁语等的名词分阴、阳、中三性,法语、意大利语、西班牙语、葡萄牙语等名词分阴、阳两性。

俄语用不同词尾表示性范畴,阴性名词以元音"-a"结尾,如"комната(房间,阴性)、книга(书、阴性)";阳性名词以辅音字母结尾,如"дом(房子,阳性)、карандаш(铅笔,阳性)";中性名词以元音"-e""-o"结尾,如"окно(窗户,中性)、поле(田野,中性)"。西班牙语的阴性名词大多以元音"-a"结尾,阳性名词大多以元音"-o"结尾,如"la muchacha alta(这个高个女孩,阴性)-el muchacho alto(这个高个男孩,阳性)",从中可以看出,为了与名词保持语法上的一致,冠词和形容词也有阴、阳两性的变化形式。换句话说,为了修饰阴性名词"muchacha",定冠词阴性单数"la"置于阴性单数名词之前,形容词以"-a"结尾;为了修饰阳性名词"muchacho",定冠词阳性单数"el"置于阳性单数名词之前,形容词以"-o"结尾。

在有性范畴的语言中,虽然自然性别的不同是语法中区分性范畴的基础,但语法中的性范畴和自然的性别并非完全一致。拉丁语的阴性和阳性基本按自然性别分类,中性是包含阴性和阳性的名词,如"伴侣""公民""婴儿"等。还有俄语中表示人的名词的语法属性一般和自然性别一致,如"отец（父亲,阳性）-мать（母亲,阴性）""он（他,阳性）-оно（它,中性）-она（她,阴性）""студент（男大学生,阳性）-студентка（女大学生,阴性）"。有时语法中的性范畴很难用自然性别解释,如俄语的 стол（桌子）是阳性,вилла（别墅）是阴性,пальто（大衣）是中性；同时四季名称,весна（春）和 зима（冬）是阴性,лето（夏）是中性,осень（秋）是阳性。再如德语 das Weib（妇女）和 das Mädchen（姑娘）都属于女性,但语法上均为中性名词。同是"太阳",德语 die Snne 是阴性,法语 le soleil 是阳性,俄语 солнце 是中性；同是"沙发",俄语 диван 和德语 das Sofa 是中性,法语 le fauteuil 是阳性。因此,语法中的性范畴与自然性别并不是一回事。

另外,古英语的名词、代词也有完整的性范畴,但在现代英语中已经基本消失,只是个别名词保留了古英语的阴性词尾"-ess"："waiter（服务员）-waitress（女服务员）""actor（演员）-actress（女演员）""host（主人）-hostess（女主人）"。单数第三人称代词分阴性（she/her）、阳性（he/his）、中性（it）已经跟自然性别相同。因此这些词不再是语法中的性范畴,而是属于词汇学的范畴。同样,汉藏语系、阿尔泰语系的语言一般不采用词形变化来表示性,而是添加特别的词或语素区分性别,如汉语用"男女""公母""雌雄"等进行区分。这种不涉及语法结构,不能构成语法中的性范畴,属于词汇学的范畴。

2. 数

数是指用词形变化的方式表示有关人或事物的数量特征。印欧语的名词、代词大都具有数范畴。如英语名词"pencil（铅笔,单数）-pencils（铅笔,复数）""house（房子,单数）-houses（房子、复数）",代词"I（我,单数）-we（我们,复数）,he/she/it（他/她/它,单数）-they（他/她/它们,复数）"；俄语名词"зал（礼堂,单数）-залы（礼堂,复数）""дом（房子,单数）-дома（房子,复数）",代词"он/она/оно（他/她/它,单数）-они（他/她/它们,复数）""я（我,单数）-мы（我们,复数）"。

有些语言的形容词、动词为了与名词、代词的语法关系保持一致,也有

113

数范畴的变化。如英语"He is a student. /They are students.""He likes to swim. /They like to swim.";俄语"Он пошли．（他乘车去了，单数）-Они поехали（他们乘车去了，复数）"，主语有数的变化，谓语动词也必须在形态上发生相应的变化。再如俄语"большой дом（大房子，单数）-большие дома（大房子，复数）"，名词 дом（房子）在形态上有单、复数的区别，形容词большой（大）也有单、复数的不同。

有些语言的名词、代词除有单数和复数外，还有双数，如希腊语、阿拉伯语、希伯来语等的名词，以及我国景颇语、佤语的人称代词。以阿拉伯语为例，单数是"malikun（一个国王），双数是 malik ā ni（两个国王），复数是 malik ū ma（诸多国王）"；以景颇语第二人称代词为例，单数是 naŋ^{33}（你），双数是 nan^{55}（两个你），复数是 nan^{55}the^{33}（多个你）。

3. 格

格是指用词形变化的方式表示名词、代词与句中其他词的句法关系。名词、代词作主语，是行为、状态或属性的主体多用主格形式；名词、代词作直接宾语，是动作的直接对象多用宾格形式；名词、代词作间接宾语，是动作的间接对象多用与格形式；表示实现动作行为的方法和途径用方式格；表示实现动作行为的器具、手段用工具格；表示两个项之间的归属关系用领属格或所有格，等等。如果将世界语言所有不同的格名称加起来，可以有一百多种。

英语、俄语、藏语、蒙古语、阿拉伯语、希腊语等都有格范畴。以英语为例，其名词有 2 个格：一般格和所有格，如"student（一般格）-student's（所有格）"；其代词有 4 个格：主格、宾格、形容词性所有格和名词性所有格，如"I（主格）-me（宾格）-my（形容词性所有格）-mine（名词性所有格）"。格是最复杂的语法范畴之一，不同语言里格的数目有多有少。如阿拉伯语有 3 个格，德语有 4 个格，俄语名词有 6 个格，芬兰语有 16 个格，匈牙利语有 25 个格。有的语言如俄语、德语的形容词为了与所修饰的名词保持语法一致，也有格范畴。如俄语的"Учитель идет в школу．（教师到学校去）"中，"учитель"与

"идет"构成主谓结构,"учитель"是主格(第一格),"школу"受前置词"в"的支配,表示去的地方,是宾格(第四格)。

汉藏语系中的很多语言没有格范畴,同上述格中某些语法意义相类似的功能在其语言中常通过语序和虚词来表示。如汉语"语文(领属)老师(施事)用粉笔(工具)在黑板上(方位)写字(受事)"。

4. 时

时又称时态,是指通过动词的词形变化反映动作行为发生的时间与说话时间之间的相对关系。在有时范畴的语言里,如英语、俄语、藏语、阿拉伯语等,以说话人的说话时刻为基准,分为现在时、过去时和将来时三种形式。现在时表示动作行为发生在说话时刻;过去时表示动作行为发生在说话时刻之前;将来时表示动作行为发生在说话时刻之后。

俄语的时范畴一律用动词的屈折形式来表示,如现在时,"Он читает книгу.(他正在读书)";过去时,"Он читал книгу.(他读书了)";将来时,"Он будет читать книгу.(他将要读书)"。拉丁语的时范畴用动词的内部屈折来表示,如现在时,"cantata(他现在唱)";过去时,"cantvit(他过去唱)";将来时,"cantbit(他将要唱)"。英语的时范畴常用附加词尾或内部屈折来表示,如现在时通过添加词尾(外部屈折)或零形式来表示,"She always drinks tea after supper.(她总是在晚饭后喝茶)/I usually go to bed at nine.(我通常 9 点睡觉)";过去时通过添加词尾(外部屈折)或内部屈折来表示,"She arrived in Lijiang an hour ago.(她一小时之前到达丽江)/I saw him today.(我今天见过他)";将来时用虚词(助动词)来表示,"He will fly to Chengdu in three days.(他 3 天后将坐飞机去成都)/They are going to hold a meeting to discuss it.(他们打算开个会来讨论那件事)/Hurry up. The shop is closing.(快点,商店就要关门了)"。

汉语的动词没有时范畴,动作行为的时间是通过时间名词、时间副词等具有词汇意义的词来实现的。

5. 体

体是指用动词的词形变化来表示动作行为进行的状态。不同语言体范畴的表现形式不尽相同。许多斯拉夫语、俄语的动词有完成体和未完成体的对立。完成体表示动作已经完成或将要完成的状态；未完成体表示过去、现在或将来动作行为的持续或重复状态。俄语的任何动词不是未完成体，就是完成体，即动词原形一般是未完成体，在未完成体动词词根之前添加前加成分构成完成体。如"читать（读，未完成体）-прочитат（读了，完成体）""писать（写，未完成体）-написать（写完，完成体）""делать（做，未完成体）-сделать（做完，完成体）"。英语动词除普通体外，还有进行体和完成体。普通体用动词的简单形式表示，进行体用"be＋动词的现在分词"表示，完成体用"have＋动词的过去分词"表示。如"I read.（普通体）-I am reading.（进行体）-I have written.（完成体）"。

时和体的语法范畴密切相关，二者都是从不同的角度归纳动作的属性，但并不相同。时范畴强调的是动作行为发生的时间，是从说话人说话时刻对所发生动作行为的时间性特征的认定，跟说话时刻同时发生的就是现在时，早于说话时刻的就是过去时，将在说话时刻之后发生的就是将来时。而体范畴强调的是动作的进行状态，也是以说话人的说话时刻为基准进行判断的，也就是体范畴以时范畴为基础，某种体必定在某一时间范围内发生，说话时刻正在发生的就是进行体，说话时刻已经发生的就是完成体，等等。英语语法中通常说的"现在进行时"是传统的叫法，严格地说它应该是现在时和进行体。

汉语动词后面添加"着""了""过"现象，有人认为这些也是体的标记，"着"表示进行体，"了"表示完成体，"过"表示经历体，但这种范畴对于汉语动词并不完全是语法强制的，具有灵活性，可以用其它方式代替。如"看着"可以用"正在看"代替，"了"纵然是完成体，可是动作的完成不一定非用"了"不可，等等。因而汉语的"着""了""过"确实是语法手段，但它们与时间无关,既不表示过去,也不表示将来,和词形变化表示的体范畴不完全一样。

6. 态

态又称语态,是指用动词的词形变化来表示动作行为与句子主语的关系。一般语言中都有主动态和被动态两种。主动态表示动作行为是由主体发出的;被动态表示主体是动作行为的承受者,谓语动词并作出相应的变化。英语主动态的动词一般用其原形表示,被动态则由"be+动词的过去分词"构成,如"Every body likes the teacher.(主动态)-The teacher is liked by every body.(被动态)"。俄语主动态一般由及物动词表示,被动态由及物动词加"-ся"表示,如"мыть(洗,主动态)-мыться(被洗,被动态)""принять(接收,主动态)-приняться(被接收,被动态)"。

现代汉语中的动词没有态范畴,其被动态不是通过动词的词形变化来表示的,而是通过使用介词"被""叫""让",构成受事主语来表示,如"饭被他吃了";或不添加介词"被""叫""让",直接构成受事主语,如"方案讨论并通过了"。

7. 人称

人称是指用动词的词形变化来表示动作行为及其主体与说话人的关系。说话人为第一人称,听话人为第二人称,说话人与听话人以外的人为第三人称。许多印欧语系中的动词一般都有人称范畴,也就是谓语动词随主语的不同而有相应的人称变化。如俄语中以词尾"-ю/-у"出现的是第一人称单数,以词尾"-ешь"出现的是第二人称单数,以词尾"-ет"出现的是第三人称单数,以动词"читать"(读)为例,如"я читаю(我读)-ты читаешь(你读)-он читает(他读)"。德语中以去掉词尾"-n"出现的是第一人称单数,以词尾"-st"出现的是第二人称单数,以词尾"-t"出现的是第三人称单数,以动词"sagen"(说)和"arbeiten"(工作)为例,如"ich sage(我说)-du sagst(你说)-er/sie/es sagt(他/她/它说)""ich arbeite(我工作)-du arbeitest(你工作)-er/sie/es arbeitet(他/她/它工作)"。

任何语言的人称代词都有第一人称、第二人称和第三人称的区别,它们仅是词汇意义上的区分,一般不看作语法范畴。英语动词的人称范畴也不完全,只有动词 be 的现在时单数有三种变化形式"am/is/are"来体现不同人称的词形变化,其余的动词只有在第三人称单数时才用"-(e)s"来表示第三人称。因此人称代词与动词的人称范畴是不同的。

8. 式

式又称语气,是指用动词的词形变化来表示说话人对动作行为的主观态度。通常分为陈述式、虚拟式和祈使式,陈述式表示肯定或否定某种动作行为的存在;虚拟式表示主观愿望或假设、推测现实中存在某种动作行为;祈使式表示请求或命令实现某种动作行为。如俄语"ты читаещь.(你正在读,陈述式)-ты читал бы…(假如你读的话……,虚拟式)-ты читай!(请你读,祈使式)",哈萨克语"baramən(我要去,陈述式)-barsam…(假如我要去的话……,虚拟式)-barajən!(让我去吧,祈使式)",西班牙语"Creo que aprende(我相信他在学习,陈述式)-Creo que aprenda(我怀疑他在学习,虚拟式)"。

英语的式范畴通常依靠 be 动词的词形变化来表示,如陈述式,"You are late.(你迟到了)";虚拟式,"If I were you, I wouldn't do it.(假如我是你的话,就不做那件事)";命令式,"Don't be late!(不要迟到)"。缺乏形态变化的语言没有动词的词形变化,不存在式范畴,这是由于它们主要用语调和语气词来表示不同的语气,如汉语"他走了。""让他走吧!""假如他可以走的话,那你也可以走。"

9. 级

级是指用形容词、副词的词形变化来表示同类的性质状态在程度上的差别。通常分为原级、比较级和最高级,原级表示一般的性质状态,没有比较的意思;比较级表示比某个点较高或较低的性质状态;最高级表示某种性质状态的最高或最低程度。如俄语"сильный(强大的,原级)-сильнее(更强大的,比较级)-сильнее всего(最强大的,最高级)",土耳其语"kəzəl(红色的,原级)-kəzələrak(比较红的,比较级)-en kəzəl(最红的,最高级)"。

印欧语系的语言常通过附加词尾、助词或异根等不同方式来表达。以英语为例,"happy(高兴的,原级)-happier(比较高兴的,比较级)-happiest(最高兴的,最高级)""go fast(快,副词原级)-go faster(较快,副词比较级)-go fastest(最快,副词最高级)",这些单音节或双音节形容词/副词通过附加不同词尾的方式来表达。"beautiful(漂亮,原级)-more beautiful(较漂亮,比较级)-most beautiful(最漂亮,最高级)""carefully(小心地,副词原级)-more carefully(较小心,副词比较级)-most carefully(最小心,副词最高级)",这些多音节形容词/副词通过附加助词"more、most"的方式来表达。"bad(坏,原级)-worse(更坏,比较级)-worst(最坏,最高级)""well(好,原级)-better(更好,比较级)-best(最好,最高级)",这些不规则形容词/副词通过异根的方式来表达。

在有些语言中,级范畴不是通过词形变化来表现的,不存在级范畴,这是由于它们通过短语的形式来表达比较级和最高级,如汉语"较红""最红"的句法形式。

综上所述,这9种类型是一些常见的语法范畴。通常情况下,性、数、格是名词所具有的语法范畴,时、体、态、人称、式是动词所具有的语法范畴,级是形容词、副词所具有的语法范畴。需要注意的是,所有的语言都有各种语法意义,但并不是所有语言都有以上语法范畴。就算是形态变化丰富的语言,因受其结构特点的制约,不同语言语法范畴的数量和内容也不是完全相同的。

二、语法形式与语法手段

(一) 语法形式

语法形式是指用来表达语法意义的各种形式手段。如前面语法意义中所列举的汉语例子"握紧"和"紧握",其结构关系不同,二者唯一的区别就在于"握"与"紧"这两个词的排列顺序不同,也就是说二者中补结构与偏正结构这种语法意义上的对立是通过语序的不同表现出来的,因此汉语中的语序就是一种语法形式。又如阿尔泰语系中的哈萨克语名词之后加"-tar"表示复数,加"-təŋ"表示领属,因此哈萨克语中的附加成分"-tar"和"-təŋ"是两种不同的语法形式。

不同的语言既有相同的语法形式,又有各自独特的语法形式。在不同的世界语言中,相同的语法形式可以表达不同的语法意义;相同的语法意义也可以用不同的语法形式来表达。

（二）语法手段

语法手段是指相同语法形式的概括归类。 语法形式是具体的,语法手段是同类语法形式的进一步概括。世界语言中常见的语法手段有附加、内部屈折、重叠、异根、零形式、语序、虚词、语调。

1. 附加

附加是指在词干上增减或变换词尾来表示不同语法意义的手段。这是一种最常见的一种语法手段,形态变化比较明显的语言主要依靠这种语法手段。例如:

汉语:同学－同学们、孩子－孩子们（"们"是复数形式）

英语:watch(看)—watching(进行时)—watched(过去时)

维吾尔语:at(马,单数)—atlar(马,复数)

藏语:nan(压制)—m(a)nan(将压制)—g(a)nan(已压制)
　　　nub(没落)—s(a)nub(使没落)

俄语:писать(写)—написать(写,完成体)

德语:schreiben(写)—das schreiben(书札,文书)

2. 内部屈折

内部屈折又称语音交替,是指通过词干内部语音的交替变化来表示语法意义的手段。内部屈折也是一种常见的语法手段,它可以是元音的变化,

也可以是辅音的变化,还可以是声调的变化。例如:

(1)元音内部屈折

英语:sing(唱歌)—sang(过去时)—sung(过去分词)

　　　tooth(牙齿,单数)—teeth(牙齿,复数)

阿拉伯语:ragil(男人,单数)—rigal(男人,复数)

　　　　 kitab(书,单数)—kutub(书,复数)

(2)辅音内部屈折

佤语:tʃiat(舀,动词)—dʒiat(勺子,名词)

弗吉尼语:jese(脸)—gese(脸,复数)—ngesa(大脸)

彝语:gɯ^{33}(听见,自动态)—kɯ^{33}(使听见,使动态)

　　　ga^{55}(穿衣,自动态)—ka^{55}(使穿衣,使动态)

(3)声调内部屈折

藏语:laŋ^{13}(起来,自动态)—laŋ^{55}(使起来,使动态)

　　　ȵɛ^{13}(睡觉,自动态)—ȵɛ^{55}(使睡觉,使动态)

景颇语:ŋo^{51}(我,主格)—ŋo^{21}(我,宾格)

　　　　naŋ^{51}(你,主格)—naŋ^{21}(你,宾格)

3. 重叠

重叠是指通过整个词或词根的全部重复或部分重复来表示语法意义的手段。这种语法手段在印欧语系中使用得不多,而在汉藏语系中使用得比较普遍,特别是汉语,往往通过词根或整个词的重叠来表示语法意义。例如:

(1)形容词重叠

汉语:AA 的—高高(的)、大大(的)

　　　AABB—平平安安、干干净净、红红火火

　　　ABAB—雪白雪白、火红火红、冰凉冰凉

　　　ABB—绿油油、慢腾腾、暖洋洋

阿昌语：na^{55}（红）—$na^{55}na^{55}$（红红的）

lum^{31}（圆）—$lum^{31}lum^{31}$（圆圆的）

(2) 动词重叠

汉语：AA—走走、看看、瞧瞧

ABAB—整理整理、休息休息、打扫打扫

纳西语：la^{33}（来）—$la^{33}la^{33}$（打架）

sha^{55}（咬）—$tsha^{55}tsha^{55}$（互相咬）

(3) 疑问代词

藏语：su^{55}（谁）—$su^{55}su^{55}$（谁，复数）

$k^ha^{11}re^{55}$（什么）—$k^ha^{11}re^{55}k^ha^{11}re^{55}$（什么，复数）

载瓦语：o^{55}（谁）—$o^{55}o^{55}$（谁，复数）

xai^{21}（什么）—$xai^{21}xai^{21}$（什么，复数）

4. 异根

异根又称错根、增补，是指通过历史来源不同而词汇意义相同的不同词根的换用来表示语法意义的手段。这种手段常用于形态变化明显的语言，但只用于少数词，范围不大，属于不规则变化的一类。例如：

(1) 人称代词

英语：I（主格）—me（宾格）（我）

he（主格）—him（宾格）（他）

法语：je（主格）—me（宾格）（我）

拉丁语：ego（主格）—me（宾格）（我）

俄语：я（主格）—меня（宾格）（我）

(2) 动词

英语：be—am—is—are—was—were（是）

go—went—gone（去）

see（动词，看）—sight（名词，景象）

(3)形容词

英语：good(原级)—better(比较级)—best(最高级)(好)

　　　bad(原级)—worse(比较级)—worst(最高级)(坏)

俄语：хороший(原级)—лучше(比较级)(好)

　　　плохой(原级)—хуже(比较级)(坏)

拉丁语：bonus(原级)—melior(比较级)(好)

5．零形式

零形式又称零形态，是指词的某种语法意义是由相关语法形式衬托出来的，而它本身不具备特定的语法形式。语言学中的零形态用ø表示，在形态变化比较明显的语言中，零形态的运用很普遍的，这些词虽无词形变化，却表示特定的语法意义。例如：

(1)英语：book(单数，零形态)—books(复数)(书)

　　　　bus(单数，零形态)—buses(复数)(公共汽车)

　　　　baby(单数，零形态)—babies(复数)(婴儿)

　　　　sheep(单复同形，零形态)(羊)

　　　　clothes(单复同形，零形态)(衣服)

(2)哈萨克语：men bardəm(我去了)　"-m"表示第一人称

　　　　　　sen bardəŋ(你去了)　"-ŋ"表示第二人称

　　　　　　ol bardə(他去了)　　"ø"(零形态)表示第三人称

(3)俄语：дом(房子)(主格、阳性)"ø"(零形态)表示主格

　　　　дома　　(属格、阳性)"-a"表示属格

　　　　дому　　(与格、阳性)"-y"表示与格

6．语序

语序是指通过语法单位之间的相对位置变化来表示语法意义的手段。语言结构是有机的组织系统，语法手段间存在着相互制约的关系。相对来说，形态变化丰富的语言，语法意义大多通过词形变化的有关手段来实现，

而语序变化一般不影响意义或影响较小。如"我读书"这句话,俄语可以有八种说法:

① Я читаю книгу.　　② Книгу я читаю.

③ Книгу читаю я.　　④ Книгу читаю.

⑤ Я книгу читаю.　　⑥ Читаю я книгу.

⑦ Читаю книгу я.　　⑧ Читаю книгу.

在上述句子中,"я(我)、читать(读)、книга(书)"三个词的词形变化分别确定了它们各自的身份和地位以及与其他词的关系:主宾关系通过"я(我)"和"книга(书)"的词形变化来表示,动宾关系通过"читать(读)"和"книга(书)"的词形变化来表示,主谓关系通过"я(我)"和"читать(读)"的词形变化来表示。尽管第一个词是最常见的语法形式,但改变语序甚至省略主语后,都不会影响句子的意思。这是由于像俄语、拉丁语等语言主要靠词的形态变化来表现语法关系和语法意义,语序较为灵活,只是表示语气的差别或起到修辞的作用。如果主语和宾语的词形相同,就需要通过语序来区分主语和宾语,如"母亲爱女儿"的俄语表达为"Мать любить дочь""女儿爱母亲"的俄语则表达为"Дочь любить мать。"

形态变化不丰富的语言,其语序变化会影响意义。如汉藏语系中的汉语"不怕辣""辣不怕""怕不辣",语序不同,意义"辣"的程度截然不同。此外,语序也是英语表达语法意义的主要手段之一。例如:

Not many arrows hit the target.(没有很多箭射中靶子。)

Many arrows did not hit the target.(有些箭没有射中靶子。)

The target was not hit by many arrows.(靶子没有被很多箭射中。)

以上三句中,第一句是说"没有很多箭射中靶子",第二句不否认"有很多箭射中靶子",第三句形式上是第二句的被动式,但意义却等同于第一句,因此后两句转换后的意义仍有所不同。这是由于句中的词语几乎没有变化,仅是否定词的位置有所差异就影响了句子语义的变化。

7. 虚词

虚词又称辅助词,与实词相对,是指没有词汇意义,不能独立充当句子成分,专门用来表示语法意义的词。虚词在各种语言中的数量不多,使用频率却很高,是常用的语法手段。如汉语的"如此……以致……",有英语"so…that…"、德语"so…,da…"、法语"si…que…"、俄语"tak…"的形式与之对应。

虚词没有具体的词汇意义,只能依附于具体的实词组成结构关系。各种语言中都有虚词,如冠词、介词、助词、连词、语气词等,少了它们,就无法组成正确的短语或句子。即使联系到一起构成句子,但它的意思跟用了虚词的意思却大不相同,甚至不用虚词还常常出现多种理解。如汉语句子"下雨了,不去上课",本身的意思并不是很明确,或者说有多重理解,但可以在中间添加不同的连接词,突出表示不同的语法关系。如:

因为下雨了,所以不去上课。("因为……所以……"突出因果关系)

如果下雨了,就不去上课。 ("如果……就……"突出假设关系)

只要下雨了,就不去上课。 ("只要……就……"突出条件关系)

8. 语调

语调是指句子在语音上的高低、轻重、长短等抑扬顿挫的变化以及句子内部的语音停顿。在不同语言中,语调都是一种重要的语法手段。如表示陈述、疑问、祈使、感叹等语气的句子都各有相应的语调。同时,汉语句子的语调与语气词关系十分密切,如"他不来吗?""他不来了。""他不来吧!"等句子,所使用的语气词不同,意思就大不相同。但在不使用语气词的情况下,不同的语调可以将结构完全相同的句子区分为不同的类型,如"老师来了?"表示疑问句,"老师来了。"表示陈述句,"老师来了!"表示感叹句。

另外,语音停顿往往构成语法意义的差别,可以区分不同的句法结构层次。如汉语"我/想起来了－我想/起来了""穿/好衣服－穿好/衣服""对/售货员的意见－对售货员/的意见""他在/笑我/不好意思－他在笑,我不好意思""你爱他/不爱?－你爱,他不爱。"

以上八种语法手段可以分成两类:有词形变化的综合性语法手段,如附加、内部屈折、重叠、异根、零形态;没有词形变化的分析性语法手段,如语序、虚词和语调。在不同语言中,各种语法手段的作用大小不一样。俄语虽然几乎具备以上几种语法手段,但内部屈折和附加是最主要的手段,而汉语的语序和虚词又是最重要的手段。

三、语言的形态类型

语言的形态类型又称语言的结构类型,是指根据具体语言中的词有无形态变化以及使用语法手段的异同,对语言作出的不同形态类型的归纳。19世纪德国学者洪堡特(Wilhelm von Humbold)依据单词的结构和词形变化这一标准区分了三种语言类型:孤立语、黏着语和屈折语。在此基础上,比较语言学又根据语言的结构特征把语言的形态类型分为四种:孤立语、黏着语、屈折语和复综语。目前语言学界多接受和沿用这种分类。

(一)孤立语

孤立语又称词根语,是指缺少词形变化的语言。汉语、傣语、苗语、彝语、壮语、缅甸语、越南语等都属于孤立语。

这类语言的主要特点是:词本身没有具体表示语法意义的语法形式;复合词多,派生词少;词形变化很少,语法关系主要靠语序和虚词来表示。如汉语"我写作业"不能说成"作业写我"或"我作业写",词在句子中充当什么成分以及相互间的结构关系等主要用语序来体现;虚词十分重要,汉语中的"爸爸和妈妈""爸爸的妈妈""爸爸或妈妈",使用不同的虚词"和""的""或",句法关系和意义都不一样。

(二)屈折语

屈折语是指具有丰富词形变化的语言。这类语言常以附加语素和内部屈折为主要手段来构成词的语法形式,印欧语系中的俄语、英语、法语、德语、阿拉伯语、西班牙语、拉丁语等都属于屈折语。

这类语言的主要特点是:有丰富的词形变化,通过内部屈折来表示词与词之间的关系。一个语法形式可以表示几种不同的语法意义,如拉丁语"am-o(我爱)"中词尾"-o"同时表示第一人称、单数、现在时、主动态、陈述语气,俄语"армия(军队)、семья(家庭)"中的"-я"表示单数、主格、阴性。词缀和词根结合得十分紧密,脱离开词缀,词根一般不能独立存在,如俄语动词"любить(爱)"-"(я)люблю(我爱)"-"(ты)любишь(你爱)"-"(он)любит(他爱)",词根和词缀融合交错,一旦分离,它们都不能独立存在。

(三) 黏着语

黏着语是指通过在词根或词干上附加语素来构成词形变化的语言。这类语言的附加语素像是黏附在词根或词干上来表示一定的语法意义。土耳其语、芬兰语、日语、朝鲜语、维吾尔语、匈牙利语等都属于黏着语。

这类语言的主要特点是:没有词的内部屈折,每一个附加语素只表示一种语法意义,而每种语法意义也总是由一个附加语素来表示。词根和表示语法意义的附加语素之间的结合并不紧密,界限分明,二者有很大的独立性,只是在用的时候临时黏着上去。如土耳其语动词词根"sev-"表示"爱",附加语素"-dir"表示第三人称,"-ler"表示复数,"-miš-"表示过去时,"-erek"表示将来时,那么"sev-miš-dir-ler"就是"他们过去爱","sev-erek-dir-ler"就是"他们将要爱","sev-miš-dir"就是"他过去爱","sev-erek-dir"就是"他将要爱"。

(四) 复综语

复综语又称编插语、多式综合语,是一种内部结构非常复杂的语言,介于屈折语和黏着语之间。美洲印第安语、爱斯基摩语等都属于复综语。

这类语言的主要特点是:分不出词和句子,一个词往往由好些个语素编插黏合而成,有的语素甚至不能构成一个音节,由于在词里面插入了表示多种意思的各种语素,致使一个词往往构成一个句子。如北美洲契努克语的"iniáludam"这个词,表示"我来是为了把这个交给她"的意思,相当于汉语的一个句子,其中第一个"i-"表示过去时,"-n-"表示第一人称单数、施事,第二个"-i-"表示直接受事宾语,相当于代词宾语(这个),"-a-"表示间接受事宾语,相当于另一个代词宾语(她),"-l-"表示前面的"-a"是间接宾语,"-u-"表示后面的动词"-d"是施动,"-am"表示动作是有目的的。这就把主语、宾语和其他语法成分结合到动词词根或词干上,来构成一个单独的词,表达一个句子的意思。

语言的形态分类是根据词的形态变化特点来分类的,具有一定的价值,使我们能够明确某一语言语法上的基本特征,但这种分类只是相对的,不能概括世界上的所有语言。实际上世界没有一种语言纯粹属于某一种类型,如俄语是一种典型的屈折语,但在某些情况下也用语序和虚词来表示词与词之间的关系。

另外,语言的类型分类还可以根据其他分类标准,如根据语言的构词方法或组织句子的方法等把语言分为综合语和分析语两种。综合语是指通过词形变化来表示语法意义的语言,包括屈折语、黏着语和复综语,其语法手段包括附加、内部屈折、重叠和异根,如拉丁语、俄语、德语、阿拉伯语等。综合语的主要特点是词本身既表达了词汇意义,也表达了语法意义,词与词之间的句法关系主要通过词的形态变化来体现。分析语是指主要通过语序和虚词来表示语法意义的语言,包括孤立语,其语法手段包括语序和虚词,如汉语、壮语、彝语等。分析语的主要特点是词类无形态变化,词与词之间的句法关系通过一定的语序和虚词来表达。因此,根据不同标准的语言分类可以反映语言基本面貌上的区别。

本章知识框架图

```
语法 ┬─ 语法概说 ┬─ 什么是语法
     │         ├─ 语法的性质
     │         └─ 语法单位
     │
     ├─ 聚合规则 ┬─ 划分词类的标准
     │         └─ 词类的层次系统
     │
     ├─ 组合规则 ┬─ 短语：主谓、动宾、偏正、中补、联合
     │         └─ 句子
     │
     └─ 语法手段和 ┬─ 语法意义与 ┬─ 性、数、格——名词
        语法范畴  │  语法范畴   ├─ 时、体、态、人称、式——动词
                 │             └─ 级——形容词、副词
                 │
                 ├─ 语法形式与 ┬─ 附加、内部屈折、重叠、异根、零形
                 │  语法手段   │  式（综合性）
                 │             └─ 语序、虚词、语调（分析性）
                 │
                 └─ 语言的形态类型 ┬─ 孤立语
                                  ├─ 屈折语
                                  ├─ 黏着语
                                  └─ 复综语
```

1. 什么是语法？语法具有哪些性质？

2. 划分词类的标准是什么？

3. 常见的语法范畴有哪些？请举例说明。

3. 常见的语法手段有哪些？请举例说明。

4. 简述语言的形态类型。

第六章 语　义

内容提要：语义涉及语言意义，是孤立的词义或句义，即抽象的非语境意义。本章在明确语义的概念和单位的基础上，重点分析了词义和句义的相关内容。词义方面涉及其性质、构成和词义的聚合、组合，特别是词义中的四种聚合关系，句义方面涉及句义的结构类型和语义格。

核心概念：义素；义素分析法；义位；语义场

第一节　语义和语义学

一、语义和语义单位

（一）语义

语义是指具体语言的语音形式所表达的内容。语言是人类最重要的交际工具。一般情况下，说话人通过一定的语音形式来表达自己的思想和情感等语义信息，听话人接收并理解说话人语言中语音所负载的语义内容。

因此，从本质上讲，语言的交际是以语音为形式的语义交际，换句话说，只有和语音形式相结合的意义才是语义。

语义是语言的要素之一。语义需要依赖语音形式而存在，并依靠语法规则进行组织来表情达意。无论是语音还是语法都是为语义服务的，语音是为了负载语义，语法是为了组织语义、表达语义，使话语能够得到合理的表达和恰当的理解。虽然说语义不易被人观察，但它与语言所反映的客观对象间的联系最为直接，因而语义最易被人们所感知。

（二）语义单位

语义同语音、语法一样，也是一个系统，它是由大量处于聚合关系和某些组合关系中的语义单位组成的，包括义素、义位、义丛、义句等。

1. **义素**

义素又称语义特征，是义位的组成部分，是指对义位进行分解后得到的最小语义单位。 由于义素不直接依附于可以感知的语音形式上，因而它作为语义深层的东西不易被人察觉和认知。义素作为语义单位在现代语义学时期才开始研究，之前的语文学和传统语义学并不知有义素。

以汉语"灌木"为例，其意义是"矮小而丛生的木本植物。"通过分析，该词由以下义素构成：[＋矮小]、[＋丛生]、[＋木本]、[＋植物]。可见，一方面，义素不与特定的语音形式直接联系。该例中的各个义素并没有和"灌木"的某一个语音单位相联系。音素是最小的语音单位，义素是最小的语义单位，而语素是语音和语义的结合体，是最小的语言单位。另一方面，义素是分析词的产物。只有先分析出词义，才能进一步剖析出该词的义素。该例中我们先分析出"灌木"的意义，再在其意义基础上，分解出4个构成义素。

2. **义位**

义位是指由义素构成，能够独立运用的最小的语义单位。 在语素、词、短语、句子这些语言单位中，词是最小的能够独立运用的语言单位，因而义位也就是词的意义内容。无论是句子还是一段话或一篇文章都是由词的意义组织连缀成的话语。从意义的角度看，语言中的词有单义词和多义词之别，单义词就是只有一个意义的词，即只有一个义项的词，多义词就是有多个意义的词，即有两个或两个以上义项的词。考虑到指称意义的"义项"是词典学术语，因此学者们主张用"义位"来指称大致相当于义项的语义单位，只有一个义位的词是单义词，有多个义位的词是多义词。

3. 义丛

义丛是指由义位组合而成的语义单位。义位是词的意义内容，那么义丛就是短语表示的意义。与短语分为固定短语和自由短语一样，义丛也分为固定义丛和自由义丛。汉语的"亡羊补牢""云南大学"等的意义属于固定义丛，"今天逛公园""看书"等的意义属于自由义丛。

4. 义句

义句又称句义，是指句子的语音形式表达出来的意义内容，是由义位或义丛构成的语义单位。义句是语言的意义系统中最大的单位，也是日常交际中实际使用的语义单位。现代语义学之前，学者们多关注语法结构，而较少研究意义结构。义句只是一个句子表达的一个意义，表达几个义句的句子是多义句或歧义句，表达相同义句的不同句子是同义句。目前，义句，尤其是义句结构已成为现代语义学的重要研究内容。汉语由于缺少词的形态变化，组词造句又涉及意合语法的情况，因而汉语的句子意义多考察句子的语义结构。

二、语义学

语义学是指研究语言意义的学科。语义学作为语言学的一个分支学科，其发展阶段可划分为语文学、传统语义学和现代语义学三个时期。

（一）语文学

语文学时期的语义研究是伴随古书注解这项工作逐渐产生、发展的。在欧洲，希腊的许多古代文献到公元前3世纪的时候一般人就已经看不懂了，于是有一些学者专门从事校订、评注等整理古籍的工作。他们的注意力主要集中在典籍的语法问题上，也考订词语的意义。我国语文学时期的语义研究称为训诂学。它的主要目的是解读以儒家经典为主的古代文献，研究典籍中的词义和句义。为了便于人们读懂古代典籍，汉朝提倡读经，兴起了注释古书之风，训诂学由此产生。随后创立了直接从意义入手的"义训"，通过分析字形来解释词义的"形训"和通过分析声音来探求语源的"声训"等研究方法来解释古代文献中的词义。

中外语文学的研究情况略有差异。由于希腊语、拉丁语和梵语属于屈折语，词在语法上存在着丰富的形态变化，使得其读音也随之发生变化。因而古希腊、罗马和古印度人在古代典籍中的阅读困难主要集中在语法上，致使他们在语文学时期的研究重点是语法，对语音也很重视，而语义则不是他们的重点。与之相对应的是，我国的汉语属于孤立语，缺少词的形态变化。汉朝以后人们读经的困难主要集中在字义上，使得字义的训释成为训诂学的重中之重。

（二）传统语义学

就世界范围来看，从语文学时期进入到历史比较语言学时期是在19世纪初。语言学独立学科地位的确立，使得语言研究不再只是解释古代典籍，而是拥有了自己的研究对象、方法等理论。此时，语义学的研究成为了语言学的一个分支学科——词汇学的重要内容。到1893年，法国语言学家布雷阿尔（Michel Bréal）首次使用了"sémantique（语义学）"这个术语，并于1897年出版了《语义学探索》一书，至此语义学开始从词汇学中独立出来。这一时期的语义学被称为传统语义学。

由于语义系统本身的复杂性,语义学的发展远远落后于同时期的语音学、语法学等学科。无论是研究领域,还是研究方法,语义学在语言学中的几个分支学科中都是最为薄弱的,存在一些缺陷。一是研究范围单一化。语义学的研究对象仅局限在词义范围内,而语音学、语法学则把研究对象多元化,如语音学的音素、音位、音节等,语法学的语素、词、短语等。二是研究方向单向性。语义学的研究方向仅从词语这个角度静态地进行研究,而语音学、语法学既在静态中研究其纵向聚合关系,也在动态中研究其横向组合关系。三是研究思路孤立性。语义学几乎不涉及语义系统,分散、孤立地研究个别词义,使得词义既是其起点也是其终点,而语音学、语法学具有各自的系统性。

(三) 现代语义学

现代语义学并不是一个统一的理论学科,它的流派众多。现代语义学个别流派的萌芽时期是在二十世纪二三十年代,60年代以后是现代语义学引人注目、影响广泛的大发展时期。这一时期的主要流派有结构语义学、解释语义学、生成语义学等。

20世纪初,欧洲一些语言学家利用索绪尔的结构主义理论和方法来研究语义,使得语义研究展现出一些新的面貌。30年代初,德国语言学家特里尔(J. Trier)提出了著名的语义场理论(Semantic field),把语言的意义作为一个系统来看待,开始了语义系统的研究。60年代以后出现的解释语义学、生成语义学等更加强调语义的地位,并注重句义的研究。此外,还有蒙塔古(R. Montague)语法和逻辑—数理语义学。前者主张用数学方法描写自然语言,研究自然语言的句法学、语义学和语用学;后者主张用数理逻辑的概念和表示方式研究自然语言的逻辑关系和语义结构。

现代语义学派的兴起说明语言学家逐渐注重语义问题,一方面结合对语义场、句义结构的分析,突破了传统语义学以个别词义为研究对象的局限性;

另一方面克服了结构主义和转换生成语法排斥语义的局限。众多流派,使得语义研究呈现出生机勃勃的繁荣景象,但迄今为止仍显得粗疏、不够成熟,特别是对具体语言材料的分析相对较少,需要在后续发展中逐步完善。

第二节　词义分析

一、词义

词义是指以词的语音形式固定下来的人们对客观对象的概括反映和主观评价。它分为两类:语法意义和词汇意义。语法意义是指表示语法关系的意义,如语法范畴"性""数""格"等,这在语法章节中已进行分析。这一章所讲的词义通常是指词汇意义。

(一) 词义的性质

词义具有概括性、模糊性、民族性、系统性、全民性等性质,但在这些性质中,词义的概括性是最为本质的,其他性质都是由概括性派生出来的。

1. 词义的概括性

词义的概括性是指词义对客观对象抽象概括的反映。语言的词汇是有限的,这些词汇对纷繁多样的客观事物并不是直观的反映,而是经过对同类事物特征的分析、归纳、综合,舍弃了它们具体的、个别的特征,概括出其共同的、本质的特征。可见,词义的概括性是人们抽象思维活动的成果,也是语言作为交际工具和思维工具的必然要求。人们运用数量有限的词语来表达客观世界不可胜数的事物,使得语言的交际功能和思维功能得以便捷地履行,以便表达丰富多彩的思想内容。

以汉语"桌子"为例,它的意思是"家具,上有平面,下有支柱,在上面放东西或做事情",它不仅仅指某一张具体的桌子。这里我们不再关注它的外形、质料、颜色、用途等种种特征,而是只概括反映所有桌子共同具有的一些特征,以便把它与椅子、凳子、沙发等家具区别开来。由于词义概括了事物的主要特征,人们对词义才有了共同的理解,但在交际时,只要把这些词放在具体的语境中,每个词的意义又变得具体化。

2. 词义的模糊性

词义的模糊性是指词义的界限具有不确定性。在世界语言中,很多词义所表达的概念都没有精确边界,带有不同程度的模糊性,这是因为词语所指称事物的类属或外延在界限上的不清晰或不确定,再反映在词义上,就使得词义概括了一些边界不清、相互交叉重叠的内容。因而词义的模糊性是所有语言的共性。如汉语"早晨"和"上午"的界限并不分明,颜色"红"在色谱上的起讫点在哪里,与其他相近颜色很难划出确切的分界。生活方式、社会习惯的不同,也可能造成同一事物在不同语言之间有不同的边界。如汉语"早晨"一词在人们心目中一般是从天亮到上午八九点,而英语的"morning"要比汉语的"早晨"时限长很多,可以一直延续到中午十二点以前。

词义的模糊性是相对的,是客观事物连续性的反映。如高矮、胖瘦、蔬菜与水果等,这些词所指事物的核心部分还是比较明确的,只是彼此间的差异是在逐步缩小罢了;否则一切客观事物都是模糊的,那么人们将无法区分不同的事物,语言的交际功能和思维功能也就丧失了。因此,人们可以根据交际的需要,在不同的场合选择与运用模糊词语来表达特定的思想内容。如"言有尽而意无穷"中的"言"就是模糊词语,否则不可能"意无穷",这正是词义的模糊性在人们交际过程中所起到的重要作用。

3. 词义的民族性

词义的民族性是指同类事物由于不同民族在文化传统、心理状态、民俗风情等方面的差异而造成词义概括的对象范围有所差异。大多数情况下，两种不同民族的语言在词义的对应方面并不是一一对应的关系，而是处于错综复杂的关系之中，没有绝对的相同词义，甚至出现词汇空缺。如汉语的"笋""荔枝"等词在英语、俄语等语言中出现词汇空缺，没有相对应的词语，同样俄语特有的"матрешка（套娃）""борщ（红菜汤）"在汉语中出现词汇空缺，这都是由于自然或人文环境的不同而形成的独特文化标记。

一方面词义在理性意义上具有民族性。如汉语的"哥哥""弟弟"明显存在词义上的差别，但在英语中却都用"brother"来表示，在需要区别时另加"elder"或"younger"进行区分；英语的"cat"除了"猫"的词义外，还有"恶妇""呕吐"的词义，而汉语则没有这样的词义。另一方面词义在附加色彩上也具有民族性，如汉语的"狗"带有贬义色彩，形成"走狗""狗腿子"狼心狗肺"等词语，而英语的"dog"大多没有贬义色彩，反而带有褒义色彩，形成"dogfight（激战）""a lucky dog（幸运儿）""love me love my dog（爱屋及乌）"等词语；英语的"blue"既有"不愉快""淫秽""沮丧"等贬义色彩，也有"高贵的""忠实的"等褒义色彩，而汉语、俄语的"蓝色"却没有相应的褒义、贬义色彩。

（二）词义的构成

我们通常所说的词义是指词汇意义，由概念义和色彩义构成，它们是研究语义的基础。

1. **概念义**

概念义又称理性意义，是指人们对现实世界认知中形成的主观映像在语言中的概括反映。如"玫瑰花""苹果""喜""怒""仙女""孙悟空"等，这些词的概念义既可以反映各种客观的物质现象，还可以反映心理现象或主观观念，而这些词的指称都是说话人的心理现实。

概念义是词义中的主要部分，它的作用在于给词所指事物划定一个范围，并与别的词所指事物的范围进行区分。如"计划"的概念义在于说明"工作或行动之前预先拟订的具体内容和步骤","帽徽"的概念义在于阐释"安在制服帽子前面的徽章",二者所划定的范围具有不同的指称对象,从而形成不同的词义。

2. 色彩义

色彩义又称附属义,是指不能独立存在,只能依附于概念义之上,表达人或语境所赋予的特定感受的词义。它包括感情意义、语体意义和形象色彩。

(1)感情意义

感情意义又称感情色彩,是指人们对词义所反映事物的主观态度。它包括褒义色彩和贬义色彩两种,前者表现的是说话人对所反映事物的赞许、喜爱、褒扬的情感态度;后者表现的是说话人对所反映事物的厌恶、否定、贬斥的情感态度。

以汉语的"鼓励"和"怂恿"为例,二者都有"鼓动别人做某事"的意义,但前者表示鼓动别人做好事,带有褒义色彩,后者表示鼓动别人做坏事,带有贬义色彩。英语的"ambitious(有雄心的)"带有褒义色彩,"greedy(贪婪的)"带有贬义色彩。可见,褒义和贬义是语言中最主要的感情意义。没有感情意义的词是中性词,这类词在词汇中占大多数,如"河流""山脉""手套""高""跳""蓝""桌子"等。

(2)语体意义

语体意义又称语体色彩,是指有些词经常用于某种语体而带有的该语体所特有的色彩。它包括口语语体色彩和书面语语体色彩,前者表示该色彩的词经常出现在日常交谈中或文学作品中,具有平易自然、生动活泼的基调,后者表示该色彩的词经常出现的书面语或重要的交际场合,具有严密规范、庄重典雅的基调。如汉语的"挖苦"与"嘲讽"、"劲儿"与"力量"、"合计"与"磋商"等。但是也存在一些口语词没有与之对应的书面语词,如"串门儿""吊儿郎当"等;一些书面语词没有与之对应的口语词,如"邂逅""蓝图"等。

另外,口语语体色彩又可以进一步划分为随意谈话语体和专题谈话语体;书面语语体色彩可划分为政论语体色彩、科学语体色彩、报道语体色彩、事务语体色彩、文艺语体色彩,各个语体都有各自的特点。如人们日常谈话所说"看来一会是要下暴雨的节奏啊!"不会说"春潮带雨晚来急,野渡无人舟自横。"同样,韦应物在《滁州西涧》中不会使用口语语体的话语。

(3)形象色彩

形象色彩是指有些具体事物的词通过其形象所表现出来的包括形态、颜色、动态、声音等的词义内容。如"喇叭花"具有像"喇叭"那样的形态特征;"彩带"具有各种颜色的色彩形象;"垂柳"具有"柳条"摆动的动态特征,"知了"具有让我们仿佛听到它鸣叫的声音。除此之外,还包括味觉(如"甜滋滋"等)、嗅觉(如"臭烘烘"等)、触觉(如"软绵绵"等)等方面的形象色彩。

(三)义素分析法

前文有提到,义素又称语义特征,是义位的组成部分,是指对义位进行分解后得到的最小语义单位。其实,不同词义之间的区别,是靠不同的义素区别开的。这是因为在20世纪50年代,人类学家开始借鉴音位学的特征分析研究各种语言中反映亲属关系的词,后来把这种方法用来分析语义,当时的出发点是词的意义并非是不可分析的整体,分解后得到的成分就是义素,相当于音位学中的区别性特征。最终,区别词义的义素作为描写比较某种语言的各个义位之间的关系而构设出来的,并成为语义分析中的最小区别单位,因而分析时一般把义素放在方括号中。

用义素分析法来说明某些词的词义,有时可以收到简明确切的效果。如汉语的"歌剧""舞剧""话剧"。"歌剧"的词义是指"综合诗歌、音乐、舞蹈等艺术而以歌唱为主的戏剧";"舞剧"的词义是指"主要用舞蹈来表现内容和情节的戏剧";"话剧"的词义是指"用对话和动作来表演的戏剧"。它们有的义素相同,有的义素不同。具体表现为:三个词都有共同的义素[+戏剧],"歌剧"和"舞剧"又有共同的义素[-对话和动作],"歌剧"和"话剧"又有共同的义素[－舞蹈]，"舞剧"和"话剧"又有共同的义素[－歌唱]。将以上的分析结果列成结构式就是：

歌剧：[＋戏剧][＋歌唱][－舞蹈][－对话和动作]

舞剧：[＋戏剧][－歌唱][＋舞蹈][－对话和动作]

话剧：[＋戏剧][－歌唱][－舞蹈][＋对话和动作]

义素分析法的关键在于要在同样的条件下清晰地展现出所分析事物的不同特征。义素分析是现代语义学的重要研究成果和基本方法，一方面利于我们直观、准确地理解和掌握词的意义，另一方面使词义描写形式化和精密化，便于我们对词义的研究和对语言的实践。但是，义素分析法在实际操作中还存在一些较难把握的地方，如有效义素的确定、所有的词是否都可以进行义素分析等等，这些地方都需要进一步的研究并加以解决。

二、词义的聚合

词语的聚合是指词义之间因某种联系汇聚在一起，语义场是对这种聚合的概括。

（一）语义场

语义场是指根据词义的聚合关系组织起来的，具有相同义素聚合而成的类别。如汉语的"父亲""母亲""伯伯""叔叔""舅舅""姑姑"等词，可归入"亲属"这一语义场，因为它们有一个共同的义素，即亲属；英语的"apple""banana""orange""cherry""lemon"等词，可归入"fruit"这一语义场，因为它们的词义中都有一个共同的特点，即可食用的植物果实。可见，同一个语义场中的所有词必须有一个相同的义素，相同义素的多少又可以形成较大或较小的语义场。

（二）词义的聚合关系

词义的聚合关系具体表现为上下位关系、同义关系、反义关系、多义关系等。从词汇的角度看，就是由上义词与下义词、同义词、反义词、多义词所表现的关系。

1. 上下位关系

上下位关系是指上位语义场中某个词的义素必然为下位语义场中的各词所共有，而下一层次又必然有自己一些特殊的义素。其中上位语义场中的词就是上义词，下位语义场中的词就是下义词，二者形成特定的包含与被包含的上下位关系。如汉语的"军队"与"陆军""空军""海军"构成上下位关系；英语的"food"与"fruit""meat""vegetable"构成上下位关系。

并不是所有的下位词在所有情况下都有共同的上位词。如英语的"professional"与"clergyman""medical""lawyer""architect""accountant"等词构成上下位关系，而汉语中没有一个恰当的词与"professional"相当，即汉语的"教士""医生""律师""建筑师""会计师"等词没有上位词。汉语的"裤子"与"长裤""短裤""内裤"等词构成上下位关系，而英语中没有一个恰当的词与"裤子"相匹配，即英语的"trousers""shorts""pants"等词没有上位词。

2. 同义关系

同义关系是指具体语言中同一语义场中义素相同或基本相同所形成的聚合关系。同一语义场中义素相同的构成等义关系，里面的词称为等义词；同一语义场中义素基本相同的构成近义关系，里面的词称为近义词。等义词在各类语言中为数不多，如汉语的"情感"与"感情"、"演讲"与"讲演"等，英语的"fall"与"autumn"等，它们的存在大多是由特定的历史原因造成的。

同义词一般是指近义词，它们不仅语义相近，而且词性、语法功能相同。同义词的意义之间存在大同小异的情况：主要义素是共同的，个别一些次要义素上存在区别。如汉语的"蔑视"和"轻视"这两个动词，相同的部分是

"视"(看不起),差别就在于意义的轻重方面,即它们主要义素相同,都是"[＋看不起]",但在次要义素在"[＋程度重]"上有区别。

有的同义词在理性意义相同的条件下,可能存在不同的感情色彩或语体色彩等附加意义。如汉语的"成果—结果—后果"、英语的"Black(黑色人种)-Negro(黑人)-nigger(黑鬼)",第一个都带有褒义色彩,第二个既没有褒义色彩也没有贬义色彩,是中性词,第三个都带有贬义色彩;汉语的"教导—教唆"、英语的"bravery(勇敢)-foolhardiness(鲁莽)",前者都带有褒义色彩,后者都带有贬义色彩。再如汉语的"脑袋—头部""吹牛—吹嘘"英语的"dad-father""fag-cigarette",前者常用于一般场合,后者常用于正式场合。

有些同义词受搭配关系的限制。如英语的"many-much""few-little",前者都是只能和可数名词搭配,后者都是只能和不可数名词搭配。汉语的"充足—充分—充沛"、英语的"high-tall""pretty-handsome"等也是类似的情况。它们意义相近,但在搭配上相互补充,各有各的范围。

3. 反义关系

反义关系是指具体语言中同一语义场的义素相反或相对所形成的聚合关系。同一语义场中义素相反的构成互补反义关系,里面的词称为绝对反义词;同一语义场中义素相对的构成极性反义关系,里面的词称为相对反义词。

互补反义关系是指两个词义之间没有中间状态,相互排斥、相互补充,构成非此即彼的关系。如汉语的"感性—理性""虚—实",英语的"married(已婚的)-single(单身的)""male(男的)-female(女的)",等等,它们是两项对立,不存在中间环节。极性反义关系是指两个词义形成对立的两极,二者存在过渡性的中间状态。如汉语的"黑—白","黑"就不是"白","白"就是不"黑",但"不黑"不一定是"白","不白"也不一定是"黑",存在中间状态"红""灰"等;英语的"hot-cold"亦是如此,二者存在中间状态"warm""cool"等。

4. 多义关系

多义关系是指一个词里面包含两个或两个以上的义位所形成的聚合关系。

这样的词称为多义词。在语言发展历程中,人们在本义的基础上,根据该词所指事物的某一方面特征,通过比喻、联想、比拟等方式产生新义,形成一词多义。如汉语的"近视"原义是"看近清楚,看远模糊",后通过比喻引申为"眼光短浅"而成为多义词,其他的"饭碗""包袱""帽子"等词亦是如此,再如英语的"play"原义是"操练",后引申为"剧本""表演"等新义而成为多义词

多义词在话语中受到语境的制约,交际双方往往能确定其中的一个义位而排除其他义位,不会引起歧义或误解。再加上多义聚合关系的经济手段,减少了语言单位,便于人们学习、掌握和使用语言。因此,客观事物之间的联系是形成词语多义化的现实基础,语言的经济原则是促使词语多义化的直接原因。

三、词义的组合

词义的组合一般是通过词语的搭配来实现的。词语的搭配一方面受到语法规则的制约(详见"语法"章节),另一方面也受到语义条件的限制。词语搭配的语义条件是多方面的,既要注意语义关系的制约,又要考虑社会的使用习惯,还要涉及词义的各种附加色彩和修辞效果。

词语的搭配受到语义关系的制约。如汉语普通话里能"吸"的东西,必然含有"＋气体"这一义素,却不能有"＋固体"这一义素,因而可以说"吸气""吸烟""吸氧"等词,而不能说"吸饭"。再如英语的"old",有时不是"老"的意思,而是"岁数、年纪"的意思,在咨询别人年龄时,一定会问"How old are you?",而不会问"How young are you?"。这种情况就反映在词语语义特征方面的制约以及词与词之间的相互制约。

词语的搭配还受到社会习惯的制约。如汉语的"粗""肥"是同义词,但是搭配对象不同,可以说"粗裤腿",不可以说"肥裤腿",可以说"环肥燕瘦",不可以说"环粗燕瘦"。再如英语的"tall""high",表达"有生长能力的动植

物"用"tall",不用"high",可以说"tall tree""tall man",不可以说"high tree""high man";反之亦是如此,可以说"high mountain""high building",不可以说"tall mountain""tall building"。这种伴随社会使用习惯产生的状况,就很难说清楚词语搭配的语义条件。

词语的搭配涉及词义的各种附加色彩和修辞效果。褒义词不能用于贬义词的搭配,如"英雄"和"叛徒"一组词中,"顶天立地的英雄"可以搭配,"顶天立地的叛徒"不可以搭配,等等。常用于口语语体的词基本不和书面语语体的词掺和,正式场合的文章塞进一些诙谐的字眼就会破坏全文的格调,如"买卖人"和"商人"一组词中,"买卖人逐利"不可以搭配,"商人逐利"可以搭配,等等。语言中的词都带有各自的使用特点,因而在词语搭配时注意选词恰当。

第三节 句义分析

一、句义

前文提到,句义又称义句,是指句子的意义内容,是由义位或义丛构成的语义单位。其中句义涉及三个语言层面,包括逻辑意义、语法意义和语用意义,但语法意义是语法学研究的对象,语用意义是语用学研究的对象,而逻辑意义才是语义学研究的对象,也是现代语义学最有突破的领域。

逻辑意义是指词语在组合过程中产生的语义上的关系,反映的是语句和现实的关系。从语言学的角度看,句子的逻辑意义是由句子中实词所指称事物及其相互间语义关系构成,不牵涉词语的语法意义。例如:

①"阿普三多"是纳西族的保护神。

②"阿普三多"是一个地道的纳西族牧民形象。

③"阿普三多"骑白马、穿白甲、戴白盔、执白矛。

上面的这三个例子都是主谓结构,但三者之间的语义关系却有质的区别。在①中,"'阿普三多'"与"纳西族的保护神"在逻辑上是同义关系,二者的外延完全一致。在②中,"'阿普三多'"与"一个地道的纳西族牧民形象"属于包含与被包含的关系,前者的外延比后者小,前者仅是后者中的一员。在③中,"'阿普三多'"是"骑白马、穿白甲、戴白盔、执白矛"描述的对象。

二、句义结构

句义结构是指句子在语义上的结构,通常是根据语义单位在逻辑关系上的不同而划分的。句义结构的单位包括谓词和谓项,谓词是指表示运动、变化、状态的成分,由句法上起谓语作用的义位或义丛充当;谓项是指表示对象的成分,由句法上起主语或宾语作用的义位或义丛充当。在句义结构分析中,一般用 P 表示谓词,用 A 表示谓项。

(一) 句义的结构类型

句义可分为简单句义、复合句义和复杂句义三类。

1. **简单句义**

简单句义表现为一个命题,与逻辑中的判断相对应。它又根据谓词情况划分为无谓词句义、零谓词句义、一元谓词句义、二元谓词句义和三元谓词句义五种。这些简单句义是由谓词与谓项按一定方式组合起来,揭示了句义中不同部分所起的作用,而谓词的特点决定了简单句义的结构。

(1)无谓词句义是指不包含谓词,仅由一个谓项独立构成的句义。这种句义表达的范围十分有限,数量不多。如"彩虹!""小王!""好球!"等。

(2)零谓词句义是指由零谓词构成的简单句义。这种句义仅有一个谓词,不存在施事、受事等情况。如"It's me."从语法上看这是一个以"It"作为形式主语的主谓句,但从语义上看,"It"并没有传递什么信息。

(3)一元谓词句义是指由一元谓词与施事格构成的简单句义。如:"老师走了。"

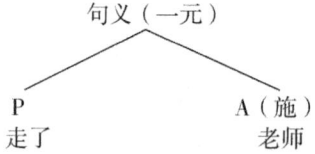

(4)二元谓词句义是指由二元谓词与施事格、受事格结成基本结构的基本句义。如主动句"兰兰打破了杯子"、把字句"兰兰把杯子打破了"、被动句"杯子被兰兰打破了"三个句子的逻辑意义相同,即句义结构相同。

(5)三元谓词句义是指由三元谓词与施事格、受事格、与事格等构成的简单句义。如:"李老师教我们《现代汉语》。"

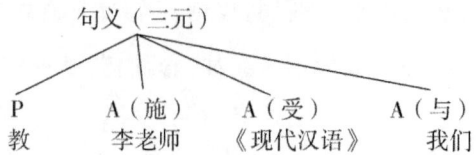

2. 复合句义

复合句义是指由两个或两个以上相对独立的句义紧密联系在一起,共同表达一个比较复杂的意思。复合句义所包含的各个句义称为分句义,而分句义之间存在并列、选择、递进等关系。因此分析复合句义的基础就是分析各个分句义,标明各个分句义之间的关系,整个复合句义的分析就完成了。如"我爱大家,大家爱我。"

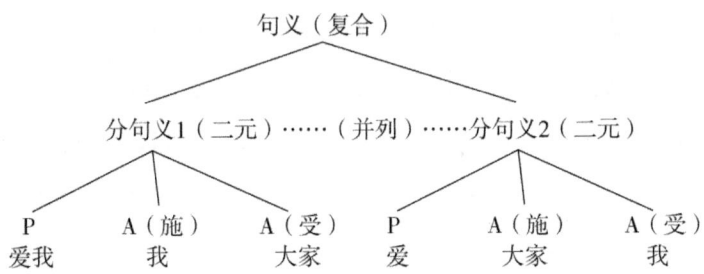

3. 复杂句义

复杂句义是指句义内部包含句义形式的成分。这种句义形式称为"从属句义"。如:"老师建议大家考研。""I am glad to inform you of your promotion."

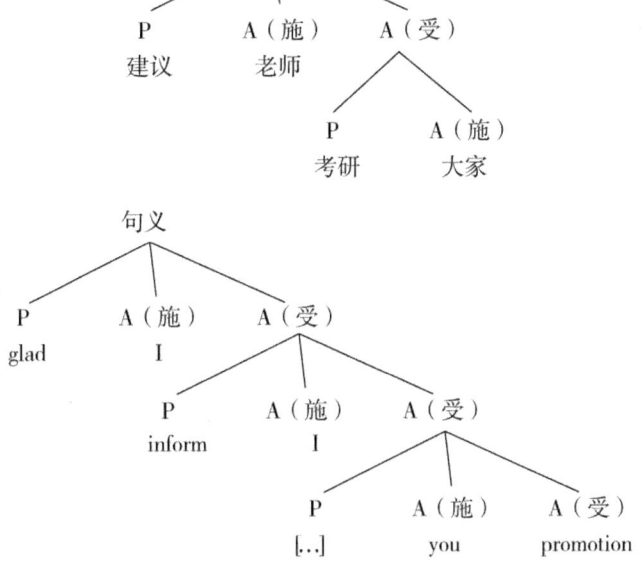

(二) 语义格

语义格是指根据谓词和谓项之间不同的语义关系,把谓项分为不同的语义类型。常见的语义格有施事格、受事格、与事格、工具格、时间格、地点格等,这些格是以动词为中心来描述句子各部分之间的语义关系。

施事格这种谓项是发出或发生谓词所表示的行为、运动、变化、状态的主体。如汉语"我们上课了。"中"我们",英语"The rabbit ran away."中的"the rabbit"就是施事格。受事格这种谓项是谓词所表示的行为、运动、变化、状态或情感、意愿,即动作行为支配的对象。如汉语"吃水果!"中的"水果",英语"Ring the alarm!"中的"the alarm"就是受事格。与事格这种谓项是谓词所表示的行为、运动、变化、状态的间接对象。如汉语"同学们送给老大爷一盒月饼"中的"老大爷","李老师教我们《现代汉语》"中的"我们"就是与事格。工具格这种谓项是施事格借以实现某种行为、运动等的工具、手段。如汉语"一把钥匙开一把锁"中的"钥匙",英语"He eats with a spoon."中"a spoon"就是工具格。时间格这种谓项是谓词所表示行为、动作、情感、状况发生或持续的时间。如汉语"今天这顿饭"中的"今天",英语"I bought a book yesterday"中的"yesterday"就是时间格。地点格这种谓项是谓词所表示行为、动作等发生的地点。如汉语的"同学们在图书馆看书。"中的"图书馆",英语"I visited a friend at the hospital."中的"the hospital"就是地点格。

(三) 语义指向

语义指向是指句法成分在语义平面上的动态指归性,表现为句子中的某个成分在语义上与哪些成分发生关系。如汉语的"我重重地摔了一跤"与"我狼狈地摔了一跤",前者中的"重重"在句法上作为状语修饰谓语动词"摔",在语义上亦是指向谓语动词,可见不管是句法结构关系还是语义结构关系上,二者都是一致的;后者中的"狼狈"虽然在句法上作为状语修饰谓语动词"摔",但在语义上并不指向谓语动词,而是指向主语"我",此时二者是不一致的。

语义指向分析给我们揭示了句法成分之间的,尤其是句法平面上各成分之间的各种语义关系,验证了句法结构关系和语义结构关系之间的不一致性,以便帮助我们深入认识和解释语法现象。如汉语的中补结构"砍完了"中的"完"指向"砍"的受事;"砍累了"中的"累"指向"砍"的施事;"砍断了"中的"断"指向"砍"的工具;"砍慢了"中的"慢"指向"砍"的动作本身。这些中补结构在句法结构关系上是一致的,但补语成分在语义上的指向却各不相同。

本章知识框架图

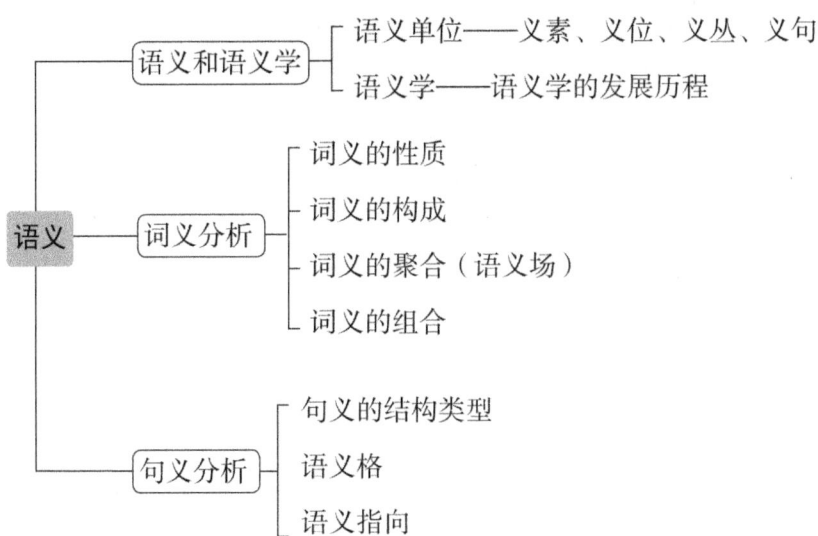

思考题

1.语义单位有哪些?

2. 简述词义的性质。

3. 举例说明词义的聚合关系。

4. 句义的结构类型是怎样的？请举例说明。

第七章 语　用

内容提要：语用涉及语言意义，是说话人的话语意义，即参照各种语境因素的意义。本章在明确语用和语用学的内涵、发展的基础上，重点分析语境、言语行为、会话结构三部分的内容，其中涉及语境的研究内容，言语行为"三分说"、间接言语行为、会话的宏观结构和微观结构。

核心概念：语境；言语行为三分说；间接言语行为理论；话轮；毗邻语对；语列

第一节　语用和语用学

语言作为一种社会现象，是人类最重要的交际工具和思维工具，而哲学的奥妙，哲学思维的秘诀亦是从人出发，为人类服务。语用学作为语言学的一个分支学科，从成为独立学科至今，其历史虽然短暂，却有着深厚的哲学渊源。

一、语用学的由来

语用学所涉及的某些内容最早可以追溯到古希腊、罗马时期演说家们的思考。在演说过程中人们如何有效运用语言以及当时语境,构建逻辑清晰且具有说服力的演讲,以达到自身的交际目的。从现在的理论知识看,这些将语言形式与语境相结合的影响因素与语用学所研究的内容紧密相关。

在西方哲学发展中,中心课题从本体论(研究世界的本质、存在等)、认识论(研究思维与存在的关系等)转到了近代的语言论,这就是20世纪的语言学转向。这里需要注意的是,许多哲学家对语言的兴趣始于他们对语言逻辑的研究,他们的这些语言研究是在哲学轨道上的语言研究,是为解决基本哲学问题所进行的必要准备,但无形中却以特有的洞察力揭示了语言交际的本质。可以说,哲学的"语言学转向"进行的研究在客观上推动了语用学的发展。

早期的哲学研究为语用学的学科建设奠定了基础,为语用学提供了理论营养。20世纪30年代,西方哲学家将研究的重点转向了语言符号,并指出语言哲学与符号学之间存在密切关系,语言只是一种符号。因此,从广义角度看,语言哲学只是符号学的一个部分;从狭义角度看,始于20世纪的符号学,主要以语言符号为对象,研究语言的句法学、语义学和语用学三方面的内容。可以说,语用学最早是西方哲学家所研究的符号学下面的一个分支。

二、语用学的发展

"语用学"这一术语最早可以追溯到20世纪30年代后期,是由美国符号学家、哲学家莫里斯(Morris)于1938年在其著作《符号理论基础》(*Foun-*

dations of the Theory of Signs)中首先提出的。他认为符号学由句法学(符号关系学)、语义学和语用学三部分构成。句法学研究符号与符号之间的结构形式关系;语义学研究符号与符号所代表的事物之间的关系;语用学研究符号与符号使用者之间的关系。后来,他在《符号、语言与行为》(*Sign, Language and Behavior*)一书中提出,语用学是对"符号的来源、用法及其在行为中所产生的效果"的研究。

莫里斯对符号学三部分的划分还得到了另一位哲学家和逻辑学家卡纳普的支持和发展。他认为"如果一项研究明确地涉及语言使用者,我们就把它归入语用学的领域……如果从语言使用者那里只摘取一些词语及词语所指的对象进行分析,我们就处于语义学的领域。最后,如果我们从词语所指对象中抽象出词语之间的关系来进行分析,我们就处于句法学的领域了",这种观点与莫里斯的看法颇为相似。另外,他还提出了区分纯理论(或形式)研究和描写性(或实验性)研究的必要性。根据卡纳普的观点,一方面是纯语义学和纯句法学,另一方面是语用学。他倾向于把一切实验性(真实的语言)研究都归入语用学,也可将描写语义学看作语用学的一部分。

后来,在莫里斯和卡纳普研究的基础上,巴尔·希勒尔提出把"指示语"作为语用学研究的具体对象,而这些 I、here、now 之类的指示语只有在具体语境中才能获知其确切意义。巴尔·希勒尔的观点对语用学的研究有所突破,但把其研究对象局限于指示语过于狭窄,忽略了不带指示语的句子。

二十世纪五六十年代,语用学研究取得重大进展。1955 年,英国语言哲学家奥斯汀在剑桥大学演讲时提出了"言语行为理论",这一理论成为语用学研究的核心理论。美国哲学家塞尔在 1969 年出版的《言语行为》(*Speech Acts*)和 1975 年出版的《间接言语行为》(*Indirect Speech Acts*),继承并完善了奥斯汀的言语行为理论。1967 年美国哲学家格赖斯(Grice)在哈佛大学演讲时提出了"会话含义理论"(The Theory of Conversational Implicature)和"合作原则"(Cooperative principle)。1986 年斯珀伯和威尔逊(Sperber &

Wilson)在格赖斯基础上提出了"关联论"(Relevance Theory)。他们的这些研究成果为语用学的学科建设奠定了理论基础。

70年代以后,语用学成为语言学中的一门独立学科,它的学科地位得以确立的标志是1977年《语用学学刊》(*Journal of Pragmatics*)在荷兰的正式出版发行,以及1986年总部设在比利时的国际语用学学会(The International Pragmatics Association,简称IPrA)的创立。时至今日,语用学直接来源于语言哲学,发展过程中与逻辑学、人类学、社会学、心理学等多个学科不断融合,更新研究理念,推陈出新,形成明显的跨学科发展趋势,这种强大生命力使语用学成为语言学研究中一个必不可少的分支。

第二节 语 境

语境是语用学中的一个重要概念,它在言语交际中起着至关重要的作用,是准确解读语用行为的前提和条件。因而语用学研究离不开语境,就不得不关注语境的研究概况、语境的概念和研究内容等等。

一、语境的研究概况

(一)传统语境观

1. 国外研究概况

传统语境观的发展与许多学科是分不开的,尤其是哲学,因而许多哲学问题的研究都必然涉及到语境的问题。国外语境的研究历史可以追溯到古希腊的亚里士多德(Aristotle)时期,他多次提出词语意义的理解依赖于语境的相关观点,但是并没有明确阐述语境理论。直至1923年,"语境"这个术语是由波兰籍人类语言学家马林诺夫斯基(Malinowski)提出。他强调语境研究的重要性,认为"真正的语言事实是实际语言环境中的完整话语,即使在人类思维和语言运用的最抽象、最理论性的各个方面,词的真正意义,归根结底,总是取决于亲身经历中的这些方面",因而将语境分为文化语境和情景语境。"文化语境"是指交际双方所生活的社会文化背景;"情景语境"是指言语行为发生时的具体情境。

弗思是伦敦学派的创始人,他的语言理论在英国语言学史上具有划时代的意义。在马林诺夫斯基的影响下,他把语言看成是人类生活的"一种方式",还认为话语的意义在于它的使用,根植于人们赖以生存的社会活动过程中。因而弗思所说的意义不仅包括词汇意义和语法意义,还包括语境中的意义,扩展了马林诺夫斯基的"情景语境"概念,并在语境概念的基础上构建起一种比较完整的语境理论。弗思将语境分为两类:由语言内部因素构成的语境和由语言外部因素构成的语境,其中语言内部因素构成的语境包括语言本身的上下文和语言环境中人们所从事的活动;语言外部因素构成的情景上下文语境包括整个社会环境、文化、信仰,参与者的身份、经历,参与者之间的关系等等。

著名语言学家韩礼德发展了语境理论,他在弗思的"情景上下文语境"基础上,融入了系统"功能主义"思想,于1964年提出了"语域"的概念。他指出"语域"包括话语的范围(field)、话语的方式(mode)、话语的风格(tenor)三个方面。话语的范围是指实际发生的事,也就是整个语言事件的背景,它不仅包括话语的主题,还包括交际者所参与的整个活动,如政治、科技、生活等领域。话语的方式是指交际的渠道或媒介,如口语、书面语或政治演说、学术论文等。话语的风格是指交际参与者之间的地位、关系身份等。这三个方面共同确定了不同情景下所使用的合适的语言特征——语域,"语域"反映的就是语境,是弗思"情景上下文语境"较为抽象的解释。

美国社会语言学家海姆斯从语境成分构成的角度进一步完善了语境理论。他认为:人们进行社会交际时,要有在一定的时间、地点、场合说出恰当话语的能力。这种交际能力不仅依靠一个人对词汇和语法的学习掌握,也依托于该话语所使用的语境,也就是说,这种交际能力是由人和社会环境相互作用而形成的。因此,海姆斯将语境归纳为八个部分,以 SPEAKING 的首字母来代表,分别是:setting(背景)、participants(参与者)、ends(目的)、act sequence(行为特点)、key(基调)、instrumentalities(媒介)、norms(交际规范)、genres(风格)。

英国语言学家莱昂斯(Lyons)认为语境是一个抽象的理论概念。构成语境的多种因素是语言学家从众多具体情景中概括出来的,强调语言外部因素对交际参与者选择何种语言表达方式的影响,以及如何确定在特定的交际情景中语言的社会合适性。因而他认为说话人要正确判别话语的合适性,必须具备一定的知识,这些知识就是语境的具体体现。围绕话语的合适性,莱昂斯将语境归纳为六种知识,依次为作用和地位、场合、正式程度、交际媒介、合适的话题、恰当的语域。

2. 国内研究概况

话语理解和语境的重要联系,我国语言学界也早已注意到了这方面的研究,只是"语境"一词出现得较晚。我国语境的研究可以追溯到战国时期,庄子在《内篇·齐物论》中的"夫言非吹也,言者有言,其所言者特未定也。果有言邪?其未尝有言邪?其以为异于鷇(kòu)音,亦有辩乎,其无辩乎?"道出了话语表达中"言不尽意"等思想,与现代语言学界对语境研究的重视可谓不谋而合。

西晋杜预在《春秋左传集解序》中的"《春秋》虽以一字为褒贬,然皆须数句以成言",和唐代孔颖达在《五经正义》中的"褒贬虽在一字,不可单书一字以见褒贬……经之字也,一字异不得成为一义,故经必数句以成言"都讲到了"数句"作为"一字"的语境,单看"一字"不能表现出其含义,只有结合上下文才能准确理解"一字"的褒贬。

唐代白居易主张"文章合为时而著,歌诗合为事而作",和清代黄遵宪在《杂感》中的"……我手写我口,古岂能拘牵!即今流俗语,我若登简编;五千年后人,惊为古斓斑",他们认为文章、音乐、诗歌等要与具体的时代联系起来,为具体的时代服务。

南朝刘勰在《文心雕龙·章句》中的"夫人之立言,因字而生句,积句而成章,积章而成篇。篇之彪炳,章无疵也;章之明靡,句无玷也;句之清英,字不妄也;振本而未从,知一而万毕矣"。从字、句、章、篇的相互统一关系说明了语言形式在语境中所起的作用。清代袁仁林在《虚字说》中的"实字虚用,死字活用,此等用法,必由上下文知之,若单字独用,则无从见矣"明确提出了上下文语境对词义理解的语用功能。

20世纪30年代,陈望道在《修辞学发凡》中提出"题旨情境说",他所说的"题旨"就是"立言的要旨",也就是作品内的环境,如作品的主题思想、作者的主观意愿和语体上的选择等。"情境"就是指"六何说",由"何故、何事、何人、何时、何地、何如"作为构成"情境"的基本要素。他的"情境"理论突破了以往上下文语境的限制,将语境的研究视角扩大到了社会文化背景、交际者等,为"语境"的具体化奠定了坚实的基础,这是我国语言学界公认的有关"语境"的最早阐述。

60年代,王德春是国内最先提出"语境学"这一术语的学者,他把语境分为主观因素和客观因素两类。他认为"语境就是时间、地点、场合、对象等客观因素和使用语言的人、身份、思想、性格、职业、修养、处境、心情等主观因素所构成的使用语言的环境"。他的这种观点被称为语境的"主观客观说"。

80年代,张志公在《现代汉语》一书中指出,语言环境是"说话和听话时的场合以及话的前言后语","大至一个时代,社会的性质和特点,小至交际双方个人情况,如文化教养、知识水平、生活经验、语言风格和方言基础等,也是一种语言环境"。他的这两种语言环境被称为广义的语言环境。

(二) 认知语境观

传统语言学家从不同角度对语境进行解读,在一定程度上帮助人们更好地理解日常生活中的话语,但传统语境观具有不可避免的局限性,如语境有关概念模糊,忽略语境的动态研究,将交际双方视为被动参与者等等。随着语境研究的不断深入,尤其是认知学科的兴起和发展,语言学家开始重新审视语境,并把客观世界中制约话语的种种因素定格在人的认知范围之内,让主观认知来统揽全局,客观的语境因素只有通过认知的过滤才能对话语的生成和理解产生作用。

在国外,从认知角度动态地研究语境,最为著名的就是斯珀伯和威尔逊的"关联理论"研究。1986 年,他们从认知心理学的角度出发,认为语境是心理的产物,由听话人对世界的一系列假设构成。正是这些假设,而非客观世界的实际状况,制约着听话人对话语的理解。这里的语境为区别于传统的语境,被称为"认知语境",它不仅包括说话时的社会环境或上下文的各种信息,还包括交际双方对将来的期盼、科学假设、宗教信仰等。在言语交际中,当听话人接受到新信息时就会寻找一个可以使他对之作出恰当解释的认知语境,进而推导出说话人的交际意图。如果听话人不能搜寻并建构起与说话人期盼或预设关联的语境,就会产生不同程度的解读。由此可见,认知语境观以听话人为中心,关注的焦点是话语理解,语言交际是在关联原则支配下,按一定推理思维规律进行的认知活动。

比利时语用学家、国际语用学学会秘书长维索尔伦(Verschueren)受到达尔文(Darwin)的进化论和皮亚杰(Piaget)的发生认识论思想的影响。他于 1987 年在《语用学:语言适应理论》(*Pragmatics as a Theory of Linguistic Adaptation*)一书中首次提出"语言顺应理论"(Linguistic Adaptation Theory),并于 1999 年在《语用学新解》(*Understanding Pragmatics*)中进一步完善该理论。维索尔伦认为,语境分为交际语境和语言语境。交际语境包括语言使用者、心理世界、社交世界、物理世界等因素。其中语言使用者是语境的焦点所在,他们作为信息的来源和接受者,影响着话语的产出和理解。心理世界涉及交际者的心理状态,包括交际双方的个性、情感、愿望和动机等。社交世界是指社交场合、社会环境对交际者的言语行为规范所要求的原则和规则,如许多语言选择取决于依附关系和权威,或权势和平等关系。物理世界涉及时间和空间的指称关系。语言语境即语言信道,是指语言在使用过程中根据语境因素而选择的各种语言手段,如衔接手段的选择、话语的序列安排等。可以说,维索尔伦的语境观是一种动态的语境观,随着交际过程的发展而不断变化。

在国内,2000年,何兆熊在《新编语用学概要》一书中把语境分为语言知识语境和语言外知识语境两大类。语言知识所形成的语境,包括所使用的语言的掌握和对语言交际上文的了解。语言外知识所形成的语境,包括背景知识,如关于客观世界的一般知识、特定文化的社会规范和会话规则;情景知识,如交际活动的时间、地点、交际的主题、交际的正式程度、参与者的相互关系;相互知识,即交际双方的相互了解。何兆熊认为,语境是一个动态的、发展的概念。交际本身就是一个动态的过程,语境随着交际过程的改变而变化。

2002年,王建华在《关于语境的构成和分类》一文中把语境分为言内语境、言伴语境和言外语境三类。他指出,"从言内语境经过言伴语境到言外语境,语境活动的形态由稳定性逐渐向动态性过渡,语境影响的方式慢慢由外显性向内隐性转移,语境呈现的性质由共同性渐次向差异性发展,语境显示的功能也由制约性向生成性递增"。

总的来说,语境的研究经历了由一元到多元,由客观到主观,由静态到动态的演变过程,人们对语境的认识不断深化,语境在语用学中的地位也是日益突出。但是,古往今来,由于中外学者对语境研究的角度、标准等因素有所不同,时至今日,关于什么是语境、语境的研究内容、语境与交际者的关系如何等等一系列问题一直没有明确的统一认识,可以说是众说纷纭,莫衷一是。

二、语境的研究内容

到目前为止,国内外语言学家对语境的概念尚无完全一致的认识,因而他们对语境的研究内容也就存在不同的看法。综合来看,本书将语境的研究内容概括为言内语境和言外语境两种类型。

(一)言内语境

言内语境是由口语的前言后语或书面语的上下文所形成的言语环境,涉及词语与词语、句子与句子、段落与段落之间在语音、语法、语义等方面的联系。言内语境是语言性质的,显性的,即口语的前言后语是可听的,书面语的上下文是可见的。例如:

在中国传统文化中,虎是百兽之王,是力量、勇敢、无畏的象征。壬寅虎年,我们要以虎虎生威的雄风、生龙活虎的干劲、气吞万里如虎的精神,继续书写中国特色社会主义伟大事业的历史新篇章!

(选自"习近平在二〇二二年春节团拜会上的讲话",2022年1月30日)

上面例子的团拜会讲话中,"继续书写中国特色社会主义伟大事业的历史新篇章"的主语就是指"我们",是承前"我们要以虎虎生威的雄风、生龙活虎的干劲、气吞万里如虎的精神"所进行的省略。"我们"属于语言符号内的,是可听的,构成口语前言后语间的衔接。

(二)言外语境

言外语境是指进行言语交际时具体的自然环境、社会规范、价值观念等,涉及交际时特定的时间、地点和交际参与者的身份、修养以及交际时的风俗习惯等方面的内容。言外语境是非语言性质的,其内部又可以划分为两个层次:一是情景语境,二是民族传统文化语境。

1. 情景语境

情景语境是外在于人的、显性的、可见的,是言语交际时的具体情境。它主要包括时间、地点、话题、场合和交际参与者的身份、职业、思想、修养、心态,前面的时间、地点、话题和场合是构成情景语境的客观因素,交际参与者的身份、职业、修养和心态是构成情景语境的主观因素。

其中交际时间涉及交际时所处的时间区间。交际地点涉及交际时所处的地方。只有将话语置于特定的地点语境下才能准确理解交际者的话语意义。交际话题涉及交际时所谈论的事物。交际场合涉及交际时所处的空间场所以及他们在其中所扮演的角色。在日常活动中,交际双方可以处在同一个场所(如日常生活对话),也可以处于不同的场所之中。交际参与者涉及交际双方的身份、职业、修养和心态等,通过感知而被对方所了解,是构成情景语境的主观因素。例如:

今天的中国,是梦想接连实现的中国。北京冬奥会、冬残奥会成功举办,冰雪健儿驰骋赛场,取得了骄人成绩。神舟十三号、十四号、十五号接力腾飞,中国空间站全面建成,我们的"太空之家"遨游苍穹。人民军队迎来95岁生日,广大官兵在强军伟业征程上昂扬奋进。第三艘航母"福建号"下水,首架 C919 大飞机正式交付,白鹤滩水电站全面投产……这一切,凝结着无数人的辛勤付出和汗水。点点星火,汇聚成炬,这就是中国力量!

(选自"二〇二三年新年贺词",人民网,2023 年 1 月 1 日)

例子中的时间、地点、话题等情景语境比较明显,其中场合是"习近平主席在新年前夕向全国人民发表的贺词"。它们属于语言符号外的因素,结合话语内容可以感知出来,是显性的、可见的。

2. 民族传统文化语境

民族传统文化语境是言语交际时参与者所属的传统文化背景,包括历史文化、风俗习惯和价值观,它是非语言性质的,隐性的,不可见的。其中历史文化涉及一个民族群体在社会实践过程中所创造的物质财富和精神财富的总和,尤其是精神层面的历史文化。不同历史文化在思维方面的差异就会对人们言语交际产生直接影响。风俗习惯涉及一个民族在其历史发展过程中形成的传统风尚、礼节、习性,主要表现在民族风俗、节日习俗、传统礼仪等方面。价值观作为文化的核心部分,涉及一个民族群体认定事物、辨定是非的思维,对人类活动起着规定性或指令性的作用。例如:

近日,在"春牛歌"的器乐声中,一支由数十人组成的"舞春牛"队伍走进江西省崇义县上堡梯田,来到村民家门前的晒谷场上跳起了"春牛舞"。

"舞春牛"是当地的一个传统民俗,寓意着促耕种,家家户户下田头,寄托着对农家丰收、祥和的祝愿。

据了解,上堡梯田传承近千年,是客家先辈们在莽莽大山中创造的农业奇迹,也是全球重要农业文化遗产。近年来,当地通过"农业＋旅游"方式,大力发展绿色生态水稻种植,独特的农耕文化和壮丽的梯田景观,促进旅游产业发展,古梯田焕发出新活力。

(选自"【新春走基层】'舞春牛'忙春耕",新华网,2022年2月15日)

上面例子是江西赣州市上堡乡的"舞春牛"活动。中国古代的小农经济,农耕文明集合了各民俗文化于一体,决定了汉族文化的特征,注重人与自然的和谐、人与人之间的和谐。这是非语言性质的,不可见的,通过话语内容可以探出其内涵。上堡梯田被上海大世界吉尼斯评为"最大的客家梯田",是国内三大梯田奇观之一,见证了客家人长期在自然环境中求生存、求发展的历史。但在言语交际中带有这种传统风俗的话语内容对以商业文化为主、追求世界本体的欧美国家的人来说存在一定程度的解读困难。

第三节　言语行为

言语行为理论研究始于20世纪30年代,作为语用学研究的重要课题之一,是人们对逻辑实证主义学说关于"凡不能验证其真或假的陈述都是伪陈述,都没有意义"观点所作出的一种回应。后来,英国语言哲学家奥斯汀注意到日常生活中人们如何通过话语进行有效的交际,首先明确、详细探讨了言语行为中的话语对行为的推动作用,体现了以"言"表"行"的语言观念。1969 年,这一理论又由其学生塞尔补充、完善,为我们解读话语交际行为提供了新的研究视角,并成为语用学研究的一个重要课题。

一、奥斯汀的言语行为理论

奥斯汀的言语行为理论源于表述句和施为句,但在进一步探讨中,他修订、完善了表述句和施为句的二元对立的区分理论,提出了言语行为"三分说"。

(一) 言有所述和言有所为

奥斯汀首先区分了两大类话语:言有所述和言有所为。前者涉及逻辑—语义关系,其话语可以验证,具有真假之分,其目的在于以言指事,陈述事实或描写状态等,此类句子被称为"表述句"。后者以语境为参照,其话语不能验证,无所谓真假,具有恰当与不恰当之分,其目的在于以言行事,实施某些行为等,此类句子被称为"施为句"。

言语行为的基本主张就是"说话就是做事",说话人说出某句有意义的话,就意味着正在实施或已经实施了某个行为。为此,奥斯汀把施为句分为三种:显性施为句、隐性施为句和内嵌施为句。其中显性施为句是指采用陈述句的形式,直接表明言有所为。它除了含有施为动词外,还要求主语是第一人称单数,时态是一般现在时,语句形式是主动态陈述句,以便实施一个非言语行为。如"我宣布第二十届冬季运动会暨消防运动会现在开幕!"隐性施为句是指不使用施为动词就可以实施某些行为,但由于缺少施为动词,要准确理解隐性施为句的意义,就必须依靠语境。如"找个工作。"内嵌施为句是指施为动词不充当句子的主要动词,却没有丧失实施行为的功能。如"很高兴我能宣布你获得'优秀三好学生'称号"。

(二)言语行为"三分说"

奥斯汀在施为句研究基础上提出了更为成熟的言语行为"三分说",即以言指事行为、以言行事行为和以言成事行为。人们说话的时候,同时就实施了这三个次行为。

以言指事行为,意为"言之发",是指说出话语的行为,通过发出声音、组词造句和表达一个完整的命题,形成表述行为。

以言指事行为,意为"示言外之力",是指说话人通过话语实施某个交际意图或执行某个特定功能的行为。用奥斯汀的公式表示"In saying X, I was doing Y",即"当甲说了X时,他就在实施Y"。

以言成事行为,意为"收言后之果",是指说话人的话语在听话人的行为、思想、态度等方面产生的影响。用奥斯汀的公式表示"By saying X, I did Y"或"By saying X and doing Y, I did Z",即"通过说X,甲做了Y"或"通过说X,实施了Y,甲做了Z"。

这三个次行为不是各自独立的,而是同一行为的不同层次,它们之间既有联系又有区别。以言指事行为是基础,如果没有以言指事行为,以言行事行为和以言成事行为则无从谈起;以言行事行为还必须带有说话人的交际意图,如果没有交际意图,那以言行事行为没有实施任何功能,仅是单纯的以言指事行为;以言成事行为虽然依赖于以言指事行为和以言行事行为,但不能保证言语行为的成功实施,这是因为以言成事行为涉及话语影响,而话语能否取得预期结果或结果取决于听话人的主观判断以及特定的语境因素,具有主观性、多变性。

二、塞尔的间接言语行为理论

在奥斯汀言语行为"三分说"的基础上,塞尔认为言语行为就是施为性言语行为,都是说话人通过话语传递交际意图,而以言指事行为和以言成事行为的区分却没有多大的价值。因此他只注重对施为性言语行为的分析,阐述了言语行为的分类,提出了间接言语行为理论。

(一)言语行为的分类

塞尔在奥斯汀关于以言行事行为分类的基础上,首先考察了不同言语行为相互区别的12个侧面,并确认了其中的言外之的(说话人的话语意图或目)、适从向(言外之的所带来的后果,涉及话语和客观世界间的关系)和心理状态(说话人对以言行事行为涉及的命题所表示出的态度)作为分类标准,将以言行事行为分成五类。

断言类,又称为阐述类,其"言外之的"是使说话人对所表达的命题内容到真实性作出保证,也就是说,他必须相信自己所说话语的真实性;"适从向"是使话语符合客观世界;"心理状态"是相信。换句话说,实施这种以言行事行为的句子所表述的命题是有真假的,而说话人则有责任保证所述命题的真实性,此类行为的动词主要有宣称、断言、声称、陈述、否认、通知、提醒、告知、确认等。

指令类,其"言外之的"是说话人试图让听话人去做某事;"适从向"是客观世界符合话语;"心理状态"是希望或愿望。换句话说,这种以言指事行为是说话人企图使听话人做某事或不做某事,既可以是温和、委婉地请求、建议或劝阻,也可能是强烈、坚决地命令或禁止。此类行为的动词有请求、命令、指使、建议、劝告、哀求、忠告、允许、邀请等。

承诺类,其"言外之的"是使听话人对未来某一行为作出许诺;"适从向"

是使客观世界符合话语;"心理状态"是意欲。换句话说,这种以言指事行为是说话人保证自己将去做某事或不做某事。承诺类与指令类从某种意义上有所不同,承诺类可以视为说话人对自己的一种请求或指使,而指令类是说话人企图使听话人去做某事,而听话人却不一定有责任或义务去做这件事。此类行为的动词有承诺、威胁、宣誓、许诺、发誓、保证、拒绝、提供、承担等。

表达类,其"言外之的"是说话人在表达命题内容时所呈现的一种心理状态。没有"适从向",因为它不需要话语符合客观世界,也无需通过话语引起客观世界的改变。命题的真实性是被预设的,是实施这一类言语行为的前提。此类行为的动词有道歉、感谢、祝贺、悔恨、批评、抱怨、欢迎、夸耀、祝愿等。

宣告类,其"言外之的"是使客观现实与话语所表达的命题内容一致。因而它的"适从向"明显是使客观世界符合所说的话语,其变化是瞬间的、即刻的,几乎是在说话的同时,这种变化就随之发生了。换句话说,这种以言指事行为是通过以言行事行为的力量使某一事态得以存在或实现,或引起事态的变化。此类行为的动词有宣告、宣布、宣判、通告、任命、命名、辞职、祈福、提名等。

(二)间接言语行为理论

塞尔的主要贡献并不是他对言语行为的重新分类,而是他在批判和发展奥斯汀言语行为理论的基础上,构建了间接言语行为理论。所谓间接言语行为就是人们在话语交际中经常使用间接方式来表达自己的真正意图。因此,他把间接言语行为分为规约性间接言语行为和非规约性间接言语行为。

规约性间接言语行为是通过对句子的字面用意作出一般性推断而得出的间接言语行为。这类行为已经形成一种人们普遍接受的习惯用法或语言形式,人们按照常规可立即推断出间接用意。规约性间接言语行为的应用主要是出于对听话人的礼貌、客气或尊重,或为了缓和语气。如:"看书专心点,好吗?"

非规约性间接言语行为相对规约性间接言语行为较为复杂,它需要依靠交际双方共知的话语信息和特定的语境进行推断。塞尔在提出九项恰当性条件后,又探讨了四条规则来解读以言行事行为。后来,为完善以言行事行为的规则,他又指出交际双方表达或理解间接言语行为的依据,可归纳为:共同具有的背景信息(语言的和非语言的);听话人的理解和推断能力;言语行为理论;会话合作的一般原则。

第四节 会话结构

语用学为什么要研究会话结构?语用学是研究语言运用的学科,而会话是人们运用语言进行话语交际的最基本形式。语用学研究会话结构的目的在于揭示会话构成的规律,解释会话的连贯性。人们以会话结构为研究对象始于20世纪60年代末70年代初,其标志性研究成果是美国社会学家的萨克斯(Sacks)、谢格洛夫(Schegloff)、杰斐逊(Jefferson)于1974年发表的《会话中话轮组织的最简系统分析》(*A Simplet Systematics for the Organization of Turn-taking for Conversation*)一文。

一、会话的基本单位

为了便于对日常会话进行分析,萨克斯、谢格洛夫、杰斐逊在1974年提出了一系列基本单位:话轮、语对和语列。

日常会话一般是在两人或更多的人之间展开,而**话轮是会话结构中的最小单位**,是说话人在会话过程中从开始说话起直到停止说话或话语被别人打断为止所说出来的话。说话人在某一时间内所拥有的说话权利,被称作话语权。当说话人结束当前话轮时,话语权就移交给听话人;此时听话人就变为说话人,并拥有话语权,产生出新的话轮。

日常会话中相邻话语之间的关系并不是任意的,有时往往第一个话轮制约或规定着第二个话轮的性质,形成提问—回答、问候—问候、提议—认可或拒绝等相对比较固定的会话结构形式,此时的两个话轮被称作**毗邻语对**,是会话结构中的基本单位。萨克斯和谢格洛夫指出,毗邻语对涉及的两个话轮具有如下特征:

1)毗邻。

2)由不同的人说出。

3)可按顺序分为始发语和应答语。

4)话语类型一致,始发语和应答语有一定的配合关系,形成相应的配合类型。

上面的前两个特征相对容易理解,第三个特征是毗邻语对的顺序不能颠倒,先出现始发语,再出现应答语,否则就不符合日常交际习惯。最后一个特征与话语的语义内容有关,毗邻语对中始发语的语义内容类型制约或决定了应答语的语义内容,不可违反,但这种制约并不是体现在句法形式上,而是体现在始发语和应答语所实施的言语行为上。

语列是指由不同说话人说出的,存在一定先后顺序的几个语义上连贯的话轮构成的话语。毗邻语对也可称之为语列,相对比较简单,而有些日常话语中的语列比较复杂,如预示语列、插入语列。

二、会话的微观结构

会话的微观结构涉及会话参与者是如何有序地(或无序地)完成话轮的,交际双方的话语之间存在什么联系,涉及话轮的连贯与更迭。

（一）话轮转换

在日常会话过程中,很少出现两个人或几个人同时说话的情况,基本上是会话参与者轮流说话。因此,话语权在说话人和听话人之间轮换,话轮随之转换的这种机制被称作话轮转换机制。在话轮转换过程中,有时候会存在交际双方同时说话的情况,这种情况被称作话语重叠。在日常话语中还有一种与之相反的情况,就是交际双方在会话过程中都没有说话的情况,该情况被称作话语沉默。

其实,日常会话中的重叠和沉默并非经常出现,大多数情况下的会话都是很自然地实现话轮间的转换,这主要是因为交际双方都能依据直觉和对方所说的话轮构成单位来判断自己何时接过话轮。所谓话轮构成单位(Turn Constructional Unit,简称 TCU)是指任何一个可以独立构成话轮的句法结构形式,短的时候可以是一个词,也可以是一个或多个短语,长的时候可以是一个完整的句子,也可以是一个或多个句群。实际上,一个话轮就是一个人说的一段话,不论长短,只要说话人变了,该话轮就结束了。而话轮构成单位的末尾,被称作转换关联位置(Transition-relevance Place,简称 TRP),换句话说,转换关联位置意味着说话人结束自己的话轮,由听话人取得话语权并开始下一个话轮,是某一话轮的潜在结束位置。

（二）预示语列

预示语列,简称预示语,是指说话人在实施以言行事行为之前,往往先用某些话语进行探听,确认实施该言语行为的可能性。它是一种"施为前语列",是实施某一言语行为之前的辅助语或预备语,说话人一般要求听话人作出一定的反馈。预示语列是为表达"请求""邀请""宣告"等以言行事行为的最典型的会话结构式,可分为请求预示语、邀请预示语和宣告预示语。

其中请求预示语表明说话人准备向听话人发出某种请求,以确认实施"请求"的可能性。邀请预示语表明说话人准备向听话人发出某种邀请,以确认实施"邀请"的可能性。宣告预示语表明说话人要告诉听话人某种信息,以确认实施"宣告"的可能性。

(三)插入语列

毗邻语对是会话的基本组成单位,但在日常话语交际中,会话并不是提问—回答这种一对一毗邻语对串联起来的。换句话说,说话人提问之后,听话人可能不会立马进行回答,而是在毗邻语对中间出现一定的插入性话轮,这种嵌入毗邻语对中间的话轮被称作插入语列。插入语列主要有三种语用功能:充当应答语的条件或前提;缓答、求证或思考的过程;疑惑或解惑的过程。

在实际日常会话中,还可能出现多重内嵌的插入语列,此时毗邻语对的基本构成 Q—A 便被扩展为 $Q(Q_1(Q_2(Q_3(Q_4\cdots(Q_n-A_n)\cdots A_4)A_3)A_2)A_1)A$ 或 $Q(Q_1-A_1)(Q_2-A_2)(Q_3-A_3)\cdots(Q_n-A_n)A$ 的模式,亦或两种嵌入模式的相互结合。

(四)会话调整

人们在日常会话之前,往往没有充分的准备时间,经常会遇到因思考不周或口误等说错话的情况。因此,在这种情况下,交际双方就需要对已经产生的话语进行调整,这些调整主要包括会话重述、会话修正和会话增量等。

会话重述是日常会话中比较常见的现象,可以分为自我重述和他人重述两种类型。自我重述是指说话人在会话过程中说出某一话语后,在觉得自己的思想没有完全表达清楚时,就会用更加简洁、直接的方式表达出来,以便进行交际。他人重述是指听话人有时没有弄清说话人的话语,就会通过重述的方式进行求证,以便理解说话人的话语。

由于会话是一个复杂的互动过程,交际双方一旦意识到会话中存在听、说等方面的问题,就会对其及时进行补充、修正,这就是会话修正。说话人可能会因为某种原因对自己或听话人提供的信息进行修正,修正可能是说话人主动发起的,也可能是其他话语参与者引发的。所谓"引发"是指谁先指出或意识到被修正的信息所存在的问题。从话语实施者的角度看,修正可分为自我修正和对方修正,不同类型的相互作用,就形成了日程生活中常见的四种类型:自我引发—自我修正,自我引发—对方修正,对方引发—自我修正,对方引发—对方修正。

会话增量是指说话人说出一个完整的话轮构成单位后,出于某种原因,又对前面说出的内容进行调整的话语形式。

三、会话的宏观结构

（一）会话的开始

良好的开端是成功的一半,会话亦是如此。会话开始部分的研究中比较著名的是谢格洛夫对电话会话的开始所作的研究。他认为,会话开始部分一般遵守"呼唤—回答"的语列模式,即先有一方发出呼唤,另一方做出回应作为整个会话的开始。说话人通过"呼唤"的形式,引起听话人的注意,以确定谁是听话人,有多少位话语参与者;反之,听话人通过"回答"的方式,显示出愿意对话的诚意,从而保证会话的顺利进行。

人们通常认为被"回答"的总是"问题",其实"问题—回答"只是一种常见的毗邻语对,可以"回答"的除了"问题"外,还有"来信""点名""挑战",也包括打来的电话等。因此,"呼唤"的形式既可以是语言形式,如称谓、日常招呼语等;也可以是非语言形式,如拍肩膀、举手示意、咳嗽等。

"呼唤—回答"的语列形式多种多样,但它们都具有以下特征:一是它的"非终止性",换句话说,"呼唤—回答"只是整个会话的开始,具有类似"开场白"的作用,它后面必定还跟着其他话语内容。二是它的"不可重复性",即"呼唤—回答"在完整会话中只能出现一次,不能重复使用:当"呼唤"得到回答后,说话人就不能再次提出"呼唤"。三是它的"制约关联性",也就是说,由于"回答"紧跟"呼唤"而至,通过观察"回答",也可以推测"呼唤"的话语性质;根据此特征,有了"呼唤",理应要有"回答",如果"回答"不出现,说话人可以有理由多次"呼唤"。

(二) 会话的转换

在会话过程中,交际双方谈论的某一话题难以贯穿始终,往往涉及多个话题,这就需要话题的转换。话题转换的要领在于巧妙、自然、适时地将听话人的注意力从原来的话题引导到新的话题。根据不同的转换过程,话题转换一般分为自然转换和有意转换。

话题的自然转换是指交际双方对当前话题很感兴趣,在经过充分讨论后,顺其自然地转入下一个话题。可以说,自然转换一般发生在话轮边界,是两个话轮进行交接时完成的,往往缺少从原话题转换为新话题的过渡过程。话题的有意转换是指说话人为了控制交谈的内容、气氛和节奏等,在谈话内容枯竭、谈话出现冷场、交际一方失言以致出现尴尬局面等情况时主动转换话题。这种情况下新旧话题的转换往往存在一个逐渐进行的过程,并伴随一定的诸如"对了""顺便说一下"等话语标记语。

(三) 会话的结束

行百里者半九十,会话亦是如此。会话作为一种合作性的社会活动,在对方话语未尽的情况下唐突地结束会话是不礼貌的,反之,如果交际双方想说的话都已说尽,却还没有结束会话,也会使人感到难堪。谢格洛夫和萨克斯认为,会话的结束一般涉及三个基本部分:话题界限语列、前置结束语列和结束语列。

结束语列意味着会话的正式结束,此时交际双方一般都会使用明显的会话结束标志。这种明确标示会话结束的话语被称作"结束语列",如"再见""晚安""谢谢""客气"等。在正式结束之前,双方都会释放一些信号,向对方表明自己已经没有更多的话要说了,让对方考虑是否还有别的话题要说。这种预示交际双方一致同意结束会话的话语被称作"前置结束语列",常含降调或拖长的声调等。另外,在"前置结束语列"出现之前,交际双方对某一话题的交谈刚刚结束,因此需要考虑如何结束该话题而结束会话。这种对之前话题进行结束的话语被称作"话题界限语列"。"话题界限语列"的内容多种多样,常因话题内容、双方关系不同而各异,多以提醒对方约会的时间、地点,或对所谈话题作概要总结等来结束之前的话题。

本章知识框架图

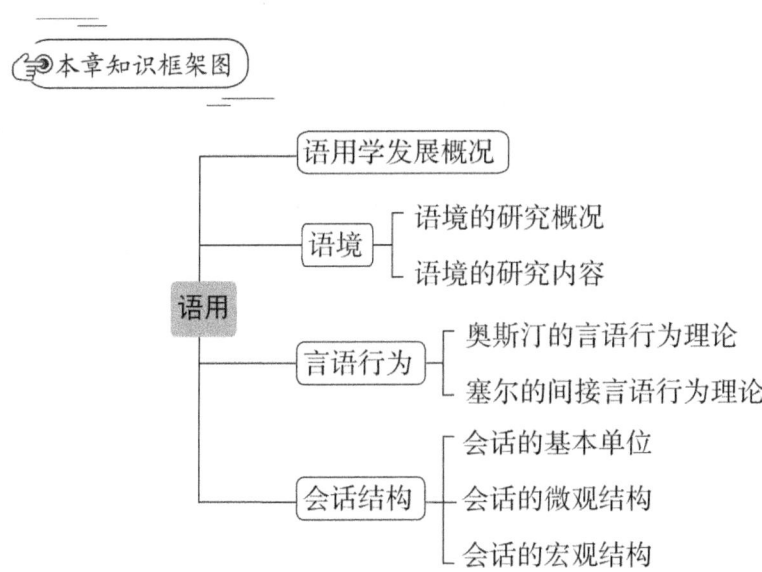

1. 试述语用学发展的三个阶段。
2. 什么是语境?语境的研究内容分为哪些类型?其构成要素分别是

什么？

3. 奥斯汀的言语行为"三分说"具体指哪些？举例加以说明。

4. 会话的基本单位包括哪些？试举例说明。

5. 搜集日常生活中的语料，分别说明话轮转换、预示语列、插入语列、会话调整的语用功能。

第八章 语言的发展

内容提要：语言作为交际工具，从它产生的那天起就不断发生着变化。语言随着社会的产生而产生，随着社会的发展而发展。在语言的长期发展过程中，语言又会随着社会的分化而分化，随着社会的统一而统一。语言总能够以自己的结构体系来满足当时社会的交际需要。本章将从语言发展的原因和特点、语言的分化和统一、语言之间的接触以及语言系统内部的发展演变等几个方面来探讨语言的发展。

核心概念：社会方言；亲属语言；借词；语言联盟；语言替换；洋泾浜；克里奥尔语

第一节 语言发展的原因和特点

一、语言发展的原因

万事万物皆在变化之中，世间本无不变之事，语言亦不例外。语言和其他事物一样，一直处于不断的变化之中，只不过语言的变化是缓慢的，不太容易被人觉察出来而已。但时间久了,日积月累,就能反映出明显的差异来。比如,我们用现代的语音去读古诗词时,常常会觉得不押韵了,其实并不是古人用错了韵,而是古今汉语语音发生了变化而已。那语言为何会发生变化呢?我们可以从外因和内因两个方面来分析。

(一) 语言发展的外部因素

语言发展的外部因素就是社会因素。语言是社会最重要的交际工具,它随着社会的产生而产生,随着社会的发展而发展,语言和社会息息相关,社会是语言发展的基本条件。

首先,社会的进步促进了语言的发展。人类社会是一个从低级向高级不断发展的过程,随着社会的发展,新事物、新概念不断出现,人的思维能力也在不断发展,这些都会不断对语言提出新的要求,促使语言不断充实自己的词汇,完善自己的语法,以适应社会交际的需要。从政治制度方面来看,"奴隶、奴隶主、封建主、地主、皇帝、皇后、书记、主席、经理、秘书、特区、一国两制"等这些词语都是随着社会制度的发展而产生的,是社会制度改革在语言中的体现,是人们对社会制度改革的认识。从经济和文化方面来看,"空调、高铁、电脑、天然气"等词是随着生产力的进步,科技和文化的发展而出现的,它们所代表的都是社会生产发展到一定阶段后才产生的新事物。其实,对比一下现代汉语和古代汉语,就不难发现,现代汉语的词汇是十分丰富的,其中大量的词汇是古代汉语没有的。如东汉许慎编著的《说文解字》收字9353个(一个字大致相当于一个词),而《现代汉语词典》所收词目多在5万条以上(少部分不是词)。同时,现代汉语的语法方面也比古代汉语丰富了很多,句式也更加多样化。如上古汉语量词很少,人称代词还不完备,连词、介词也较少,句子也以结构简单的单句为主。到了现代汉语阶段,复句成了常见的形式,而且还有大量的多重复句,这是上古汉语所无法比拟的。再如"很淑女、非常绅士、太林黛玉"等程度副词修饰名词的情况,也是早就

"名正言顺"了。

其次,社会的分化和统一促进了语言的发展。社会在发展的过程中,经常会有分化、统一的现象发生,而语言也会随之如此。语言是整个社会的交际工具,当社会走向分化的时候,这个社会各个部分之间的交际活动就会逐渐减少,甚至停止,原来统一的语言经过一段时间之后,慢慢地开始有了差异,渐渐就形成了不同的方言或不同的语言。例如,随着罗马帝国的分裂,拉丁语被分化成几种独立的语言,如法语、西班牙语、意大利语和葡萄牙语等,这就是社会分化的结果。相反,如果不同社会或同一社会的各个部分走向统一,它们之间的交流必然逐渐增多,但不同语言或方言的差异会妨碍甚至阻断人与人之间的交流,从而影响社会的统一,影响社会的发展。在这种情况下,人们需要有一种在全社会范围内都可以使用的沟通工具,以适应社会统一的需要,于是就形成了在全社会通行的共同语。"共同语""国家交际语""世界通用语言"等等,都是语言统一的形式和结果。现代汉民族的共同语——普通话的形成和推广就体现了随着社会统一程度的日益提高,汉语也会随之走向统一的发展趋向。

再次,社会的接触促进了语言的发展。随着社会的发展,不同族群之间的接触日益频繁,如贸易往来、文化交流、移民杂居、战乱征伐等等,彼此之间的交往越来越多,在交往过程中始终离不开语言。因此,社会的接触会引起语言的接触。各种语言随着社会的接触会去吸收对方的一些成分,如汉民族在历史上跟朝鲜、日本、越南等都有来往,因此,在他们的语言里有很多词语借自汉语,尤其是日语,有很大一部分词借自汉语,如:"驿"。当然,汉语也会吸收很多日语中的词汇,比如"革命、艺术、文化、文明、文学、封建"等。再如中国在历史上曾与印度接触,因此,汉语从印度梵语中吸收了一些佛教词语,如"佛、禅、塔、罗汉、刹那"等。又如,自五四以来,我国与西方国家的接触日益频繁,在此过程中,汉语在印欧语言的影响下,不仅吸收并产生了大量的新词,如"坦克、可口可乐"等,而且还出现了许多新的语法现象,如依照汉语传统,省略主语的现象十分普遍,现在由于印欧语言的影响,这种现象有所减少。像"小孩子做事,完全由于他的兴趣。他可以写字,但他并非欲成一书法家。他可以画画,但他并非欲成一画家。他更非欲以写字画画,得到所谓'世间名利恭敬'。他写字画画,完全是无所为而为。他做某种事,完全是乘兴。他兴来则做事,兴尽则止。"(冯友兰《新世训》)这样的句子就很常见了。

(二)语言发展的内部因素

社会的发展促进了语言的发展,这仅仅是语言发展的外部原因,语言系统内部才是语言发展的决定因素。

语言是一个符号系统,其内部的要素往往处于一种对立统一的关系中,彼此保持着平衡。如果其中某一个要素由于社会条件发生了变化,打破了平衡,那么其他所有要素都要进行相应的调整,才能达到新的平衡。如古汉语中的词主要是单音节词,而发展到现代汉语,则以双音节词为主。这是因为古汉语的语音系统较为复杂,音位之间有多种组合方式,能保持单音节词之间的有效区分度。后来,汉语语音系统由于浊音清化、辅音韵尾消失等变化,语音趋向简化,结果导致同音词大量增加,同时随着社会的不断发展,又产生了大量的新词,这就破坏了语言符号之间的区别性,给沟通带来了很大的困难,此时就需要有新的方法来解决语音简化所带来的矛盾。于是,大量的双音节词开始出现了。语言自身通过增加词的长度的办法解决因音位减少而带来的矛盾,使语言要素由旧的平衡达到新的平衡。当然,音位的简化不仅使现代汉语增加了大量的双音节词,而且为了适应双音节的需要,也引起了语法上的变化。语法上就产生了新的构词法,这种构词法不仅有复合和派生的区别,而且在复合中又出现了各种不同的形式。双音节词的大量出现还使得词在表义上出现了主次轻重的区别,词的语素有了词根和词缀的区分;这种现象又反过来影响到语音,使语音又产生了某些变化,出现了弱化和脱落的现象。这种"平衡——打破平衡——再到新的平衡"的过程就促使了语言的不断发展。

二、语言发展的特点

任何事物都是发展变化的,但不同事物的发展变化又具有各自的特点。渐变性和不平衡性就是语言发展的两个特点。

(一) 语言发展的渐变性

语言发展的渐变性是指语言的发展过程是一种逐渐变化的过程,不是突然发生变化,它是在人们使用过程中不知不觉发生的变化。这是由语言的本质属性(社会性)所决定的,即语言是社会最重要的交际工具决定的。语言的这种性质决定了它的发展只能是渐变的,不能是突变的。

作为人类最重要的交际工具,语言具有很强的稳定性,社会中的每一位成员都需要学会和掌握语言这个交际工具,才能进行交际,维持社会关系。如果语言不是稳固的,总在发生变化,今天是这样,明天又是那样,那么就会让人们无所遵从,无法很好地使用语言,引起社会的动荡。另外,社会中新事物的产生和旧事物的消亡也是逐步发生,不是一蹴而就的。比如,新事物产生了,就有新的词去指代它,但这些新词被人们普遍接受也是需要一定的时间和过程的,这也就使得语言的发展只能是渐变的。

(二) 语言发展的不平衡性

语言的发展还具有不平衡性。不平衡性主要指以下两个方面:

首先,语言内部各要素的发展速度是有差异的。语言内部的各种要素与社会变化发展的联系紧密程度不同,因而对社会变化的反应速度也不一样,这就使得语言中的某些要素变化得快,某些要素变化得慢。与社会联系最紧密的是词汇,它对社会发展的反应是最灵敏的,一旦社会上出现了新的东西、新的概念,就必须有新的词语来指称它,所以它的变化是最快的,几乎处在不停地变化之中;相对于词汇,语音的发展要慢很多,人们通常是感觉不到的。因为一般词汇的急剧变化对语言系统的影响不会立竿见影,语音也不会随着词汇的变化而发生系统的变化。而语法的发展就更为缓慢,因为与社会的联系不紧密,社会的变化不会直接导致它们的变化,因而它的稳固性很强。如在殷商汉语中,已有主谓结构、动宾结构、定中结构、状中结构、联合结构、同位结构等,汉语句子的"SVO"语序,从周代《诗经》开始,一直到今天,都没有大的改变。因此,语言内部的三要素,即语音、词汇和语法的发展是不平衡的,变化最快的是词汇,语音次之,语法变化最慢。

其次,语言在不同地区的发展速度是不一样的,因而形成了地域方言。比如,北方方言发展速度更快,其他方言发展较慢,闽语、粤语、客家话、吴话、湘赣话等,从语音和词汇上都不同程度地保留了古代汉语的面貌,历史发展的轨迹由此可见一斑。另外,语言在各阶层、各社会团体中的发展也是不平衡的,因此形成了不同的社会方言。

第二节 语言的分化和统一

一、语言的分化

语言会随着社会的分化而分化。语言的分化是指一种语言分化成不同的变体(方言),或者进而分化为不同的语言。地域方言、社会方言、亲属语言都是语言分化的产物。

（一）地域方言

地域方言是指一种语言在不同地区的分支，是这种语言在不同地域的变体，也是语言分化最普遍的一种。凡是使用人口较多、分布区域较广、历史相对久远的语言，一般都存在方言的差异。比如，汉语的方言差别就非常明显。现代汉语分为北方方言、吴方言、湘方言、赣方言、客家方言、闽方言、粤方言七大方言，都是汉语在不同地区的变体。虽然各个区域说的都是汉语，但北京人、江西人、广州人、福建人所说的汉语又各有不同。这些地域性方言只在一定区域内通行，它们本身就有自己的一套语音、词汇和语法的系统，能够满足当地人们的交际需求。人们通常所说的"方言"一般指的就是这种地域方言。地域方言的划分主要是根据语音、词汇、语法等几个方面的特点来划分的，但一般是以语音方面的特征作为主要的划分依据。现代汉语的七大方言划分，主要就是按照语音特点来划分的。

（二）社会方言

社会方言是全民语言的社会变体，也是语言分化的结果。它是指社会中的人们由于年龄、性别、职业、社会地位、文化程度等的差异，在运用语言时呈现出不同的特点，从而形成了社会方言。各种行业语、阶级方言、黑话等，都属于社会方言。

1. 性别变体

语言的性别变体是指使用同一种语言或方言时，男女双方所表现出来的差异。比如早在 20 世纪 20 年代，我国就有人发现，北京一些女子中学的学生把 j、q、x 发成 z、c、s，如：坚 jian 念成 zian，学 xue 念成 sue，这就是所谓北京话中的"女国音"现象。这种发音上的特点主要是女青年所特有的，男青年中就没有这种现象。在封建社会，男性自称"吾""我"；女性自称"妾""奴""奴家"。又如中国湖南省永州市江永县有一种被当地人称为"长脚蚊（长脚文）"的文字，是世界上唯一的女性文字,只在当地女性中通传。另外,女性使用的颜色词也比男性要多,如男性在形容颜色时,一般会说深浅,而女性则会用一些较为生动形象的词来形容,比如"淡紫色",女性会用"藕荷色、香芋紫"来指称。

2. 年龄变体

年龄的差异也可能对语言产生影响,从而造成语言使用的差异。平时我们只要留心,就会注意到有些话只有老年人才说,年轻人不怎么说,而另一些话只有年轻人才说,而老年人不大说。一般说来,年轻人精力充沛,喜欢创新,语言中的新成分多是由年轻人最先使用的,如现代汉语中的"酷""爽"就是青年人常说的,语言学中称之为"青年流行语"。中老年特别是老年人,阅历丰富,趋于守成,对于这些新潮的字眼儿则很少使用。20世纪80年代初的一项调查结果显示,老年人使用后一种读音的比例明显高于年轻人,在北京话中,"肥皂"也可称为"胰子","我们"也可称为"姆末",老年人多使用"胰子""姆末",年轻人则多用"肥皂""我们"。

3. 行业变体

由于职业不同也会形成语言变体,通常称作"行业语"或"行话"。

各行各业都有自己的一些特殊词语。如:生、旦、净、末、丑是戏剧界的行业术语,刀工、红案、白案是餐饮业的术语,处方、切脉、休克、痛风是医疗界的术语,备课、听课、观摩课是教育界的术语,韵母、辅音、音位是语言学术语。行业语虽然受社会专业范围的限制,但不受地域的限制,只要是同一行业的词语,不分天南地北,其含义都是相同的。随着科学技术的普及和人民群众文化水平的提高,一些行业词汇已经成为了全民通用语言。如戏剧学术语"角色"、医学术语"休克"等,已被吸收到普通话中。

4. 隐语

隐语是个别社会团体或秘密组织内部的专用术语,是全民语言的一种特殊变体。隐语有不同的称谓,如黑话、行话、切口、暗语、市话、锦语、方语、悄语、杂语、秘语等。旧社会的商业界,在交易谈判和讨价还价时,用"旦底"

表示"一","挖工(空工)"表示"二","横川"表示"三","侧目"表示"四","缺丑"表示"五","断大"表示"六","皂底"表示"七",用"公头"表示"八","未丸"表示"九","田心"表示"十"。这些都是隐语。

(三) 亲属语言

从同一种语言中分化出来的几种彼此之间具有同源关系的独立语言，称为亲属语言。例如，拉丁语随着古罗马帝国的解体，它的各个方言逐渐转变为独立的语言，如法语、意大利语、西班牙语、葡萄牙语、罗马尼亚语等语言。亲属语言有共同的来源，这些语言之间有历史上相同的渊源关系，这种关系就叫作亲属关系。比如汉藏两种语言，就是这种有共同渊源的语言，它们都来自原始汉藏语，因此它们之间有亲属关系，是亲属语言。在语言学中，一般就是按照语言的亲属关系对语言进行分类的，这就是所谓的语言的"谱系分类"。19世纪初，德国语言学家施莱歇尔受达尔文《物种起源》中的观点启发，提出了"语言谱系树理论"。凡是有亲属关系的，都是由同一种语言分化出来的后代语，组成一个语系。同一语系的语言再按照亲属关系的远近分为语族、语支、语群、语言、方言、土语等。语系是谱系分类中最大的一个类别，凡是有亲属关系的语言都属于同一个语系，凡是无亲属关系的语言就属于不同语系。如汉语、藏语、壮语、傣语、苗语、彝语、景颇语为亲属语言，均属于汉藏语系；印地语、波斯语、俄语、波兰语、英语、德语、荷兰语、丹麦语、瑞典语、法语、意大利语为亲属语言，均属印欧语系。同一语系之下，又可以根据亲属关系的远近，把语言分成若干个"语族"，如英语、德语、法语、意大利语同属印欧语系，但英德两种语言的亲属关系更近，均属日耳曼语族。法意两种语言的亲属关系也相对直接，但与前两种语言的亲属关系不是那么直接，它们则属另一个语族——拉丁语族。在同一个语族之下，还可分出不同的"语支"，有时甚至在语支之下，还能分出不同的"语群"。语系、语族、语支、语群这一谱系分类的层级体系，反映了原始母语随着社会的分化不断分化的历史进程和结果。

世界各国语言按其亲属关系大致可分为印欧语系、汉藏语系、乌拉尔语系、阿尔泰语系、闪含语系、高加索语系、达罗毗荼语系、南岛语系、南亚语系等九大语系和其他一些语群和语言。使用人数最多的两个语系是汉藏语系和印欧语系。我国是一个统一的多民族国家,境内几十种不同的民族语言分别属于汉藏、阿尔泰、南亚、南岛和印欧等语系,此外,还有一些系属不明的语言。

二、语言的统一

语言不仅会随着社会的分化而分化,也会随着社会的统一而逐渐走向统一。当社会趋向统一时,必然要求语言统一。随着社会在政治、经济和文化上的统一性越来越高,语言统一也是迟早的事。但语言的统一不可能采取消灭现有方言的方式来实现,因为当一个地区的人们还把方言作为当地主要的交际工具时,消灭方言就意味着中断了对语言的使用,它所带来的后果必然会使社会生活发生紊乱。因此,语言的统一只能通过推广民族共同语来实现。在一个统一的社会中,方言的差异造成了不同地区之间的交际困难,这就需要在各个方言区之间产生一种作为交际工具的通用语言,共同语正是适应了这样的社会需求而产生的。我国古代所谓的"雅言""通语"和后来的"官话",就是当时的人们给这种共同语取的名称。

共同语往往是在某一种方言的基础上形成的,作为共同语基础的方言称为基础方言,比如汉语的北方话就是汉语普通话的基础方言。以哪种方言作为共同语的基础方言,取决于这种方言社会在政治、经济、文化等方面的地位,往往是政治中心,经济文化发达地区的方言才能成为基础方言。汉语北方话成为汉语普通话的基础方言,除了与文化、人口有关外,主要是政治方面的原因。自秦汉以来的大部分时间,北方是中央政府的所在地,北方话的威望比较高。宋代以来,如宋元话本、元曲、明清小说等许多重要的文学作品,都是用北方方言写成的。此外，说北方方言的人口占说汉语人口的大多数。由于这些原因，北方方言成了汉民族共同语的基础方言。伦敦话之所以成为英吉利共同语的基础方言，主要是因为经济上的原因。英国工业革命后，伦敦成了工业中心，大批农民操着一口外地方言进入伦敦当工人。由于共同交际的需要，就在伦敦话的基础上，吸收了其他方言的成分，发展成了英吉利民族共同语。

第三节 语言的接触

一、社会接触与语言接触

民族（氏族、部落等）与民族之间的往来，必然会带来语言之间的相互接触。随着社会的发展，民族之间的交往机会增多，语言间的接触也日益频繁。

历史上原来没有接触过的社会，后来可能会有贸易往来和文化交流，会因迁徙、战争征服、海外殖民而造成地域上的邻居或杂居。不同的社会有了接触，各个社会所使用的语言也就有了接触。社会之间存在着不同方式和不同程度的接触，相应的语言也就有了不同方式和不同程度的接触，所以产生的结果也不一样，我们可以根据接触的不同结果把语言接触现象分为不同的类型。

二、语言成分的借用

（一）借词

如果不同的社会或民族在地域上不相邻，接触上也只有一般的贸易往来或文化交流,则语言的接触就只限于吸收对方语言中有而自己语言没有的事物或观念的名称,也即只有文化层面的、为数有限的借词,这是一种程度较浅的语言接触类型。

借词又称外来词,是指语音和语义都是从其他语言中借来的词。如"坦克、扑克、咖啡、三明治、克隆、伊妹儿"等。借词有很多种类。最常见的一种是纯音译词,也就是用本民族语言的音翻译外民族词的音而产生的。如"坦克、扑克、咖啡、三明治、克隆、伊妹儿"等,直接把外语词的音照搬过来。另外一种是半音译半意译的混合型,如"剑桥、马克思主义、因特网"就是一半照搬外语词的语音,一半用汉语把意义翻译过来的借词。

1. **借词与意译词不同**

意译词是指只借用外来事物的概念,不借用外语中的语音,而是用本民族的语言材料,按本民族的构词规则造出新词来表示此概念。如青霉素(penicillin)、电视(television)、信息(message)、自助餐(buffet)等词的读音与源出的外语没有关系。

2. **借词与仿译词不同**

仿译词是意译词的一种,其特点是用本民族语言的材料逐一翻译原词的语素,不但把它的意义,而且也把它的内部构成形式移植过来,即用本民族语言的语素逐个对译外语词的语素造出的词。例如,汉语的"黑板"译自英语的"blackboard","足球"译自英语的"football",仿译词的读音也与源出的外语没有关系。

3. **借词与社会**

语言中借词的方向决定于两个社会接触时文化传播的方向。如果文化传播是单向输出或输入,那么借词也是单向的;如果文化交流是双向的,借词也就是双向的。

在词的借用过程中还可能有借出去的词再借回来的现象,一出一进之间,音义等方面都会发生一些变化。最典型、数量最多的主要存在于汉语和日语之间。如果借词适合使用的需要，有时甚至可以在长期的竞争中打败本族词，取而代之。比如汉语的"站"，指的是车站的意思，本来称为"驿"，后来这个词被日本借去了，如今在日本仍然把"车站"叫作"驿"，日本的站牌"东京驿"，就是"东京站"的意思。自南宋时期汉语从蒙语中借用"站"这个词，"驿"和"站"就同时并用，之后随着元蒙政权的建立，各地纷纷设立"站"，"站"就代替了"驿"这个词。元朝灭亡后，明帝曾通令从洪武元年起"改站为驿"，但民间口语中却一直沿用"站"，甚至明末奏折中还有用"站"的现象。清时"驿""站"并用；"九一八"事变后，日本帝国主义在东北建立了"伪满洲国"，把"站"改成了"驿"，但始终行不通。可见，只要是符合社会基本需求的借词，都会在语言中生根发芽。"站"在现代汉语中已经进入了基本词汇，用它构成的词语有很多，如"车站、站台、广播站、水电站、发电站、接待站、气象站、运输站、供应站、收购站"等等。

（二）语音成分和语法成分的借用

随着词的借用，也可能会借用对方语言的音位。例如，汉藏语系诸语言中都有汉语的借词，有些语言在从汉语借词时也吸收了汉语的音。藏缅语族彝语支的语言普遍缺少复元音，而随着汉语借词的增多，各语言多多少少都增加了一些复元音。又如侗语中原本没有声母"f"，后来又从汉语中借用了不少轻唇音的词，才开始有了声母"f"。

语法规则也可以借用。比如纳西语的动宾结构，原来只有"宾—动"的语序，由于汉语的影响，现在也出现了"动宾"的语序。侗语受汉语的影响语序也发生了变化，侗语固有的语序是名词前除数量修饰语外，其他修饰成分都在名词后，但新借用的汉语词组均采用前偏后正的汉语语序。侗语还吸收了许多汉语虚词，如助词"的"、介词"比、连、为"以及连词"因为、所以、虽然、但是"等。

三、语言联盟

"语言联盟"也称"语言的区域分类"。它是不同民族深度且相对平衡接触的结果。不同民族在同一片区域内交错居住,有频繁的战争或频繁的文化经济往来和通婚关系,但各民族在经济文化上相对平衡,各个民族人口比例相差不大,且各个民族都至少有部分人口相对聚居,于是在这一区域内的各种语言就产生了系统感染,不仅在词汇上有大量的借贷,而且在语音、语法系统的格局和结构规则上也逐渐趋同,但各种语言依然保持着各自语言的本质,有着相当数量的核心词根,形成了语言联盟。

语言联盟最常提到的例子有巴尔干半岛的语言联盟。从语源上讲,巴尔干半岛诸语言中的保加利亚语、塞尔维亚—克罗地亚语属于斯拉夫语族,罗马尼亚语属于罗曼语族,而阿尔巴尼亚语和希腊语则各自独立成一个语族。但是,从语音和语法系统的结构特点来看,这些亲属关系较远的语言与自己亲属关系更近的同语族语言的差异明显,它们彼此之间反倒在音系和形态上十分接近。这种情况与社会历史的情况相呼应:历史上这一片区域内动乱频繁。各个民族兴衰更迭不断,政治经济上的联盟变幻无定。在这种特殊的历史环境下,该地区各民族之间有着错综复杂的密切联系,但没有哪一个民族具有长期的绝对权威或占有人口的绝对优势,而且每个民族至少都有一些相对聚居的居民。也即各个民族在文化、经济、政治、人口比例上均相对平衡。于是这一地区的居民虽然有不少双语或多语者,但各自的语言都保留了下来,只是结构上变得相似。

汉语,我国南部的侗台、苗瑶语族诸语言,藏缅语族的部分语言和境外东南亚地区属于南亚语系的越南语,属于侗台语族的老挝语、泰语等等,在语音、语法的结构类型方面十分类似,据研究这也是语言接触造成的语言联盟,被称作东亚/东南亚语言联盟。

四、语言替换

语言替换是一种更深程度的语言接触,它是不同民族深度且不平衡接触的结果。深度接触是指各民族居住在同一地域,相互杂居在一起。不平衡接触是指接触的各民族中,有一个民族在人口、政治、经济文化、人口等方面具有相当大的优势,具有数量优势的民族语言排挤和替代其他语言,成为不同民族共同交际的工具。**简单地说,语言替换就是一个民族或一个民族的一部分成员放弃自己的母语而改用另一种语言的现象,也叫语言转用或语言换用。**

语言替换是随着不同民族的接触或融合而产生的,是不同语言统一为一种语言的形式之一。在人类历史发展的长河中,氏族合并为部落,部落合并为民族,不知有多少语言被替换,那些被放弃的语言,尤其是那些小语种已经无处可考了。例如,我国史书有零星的记载,春秋初期,华夏周围的南蛮、北狄、东夷、西戎诸部落或部族与华夏语言不同。到后来,这样的记载已经见不到了,这表明这些部落或部族与华夏融合在一起了,它们的语言也被汉语替代了。两汉以后,中国北方的匈奴、鲜卑、羯、氐、羌等民族,都与汉族融合了;隋唐以后,契丹和女真(包括后来的满族)也都和汉族融合在一起了。随着民族的融合,这些民族的语言也全都被汉语替换了。公元前 1 世纪到公元 3 世纪,罗马人占领了现在的法兰西后,罗马人所说的拉丁语取代了当地的高卢语,这个地区的拉丁语在后来才演变成了法语。然而,被抛弃的语言未必消失得无影无踪,有可能会在胜利的语言中留下一些语言成分。

在汉语替代其他语言的过程中,有的民族顺应历史发展规律,自觉放弃使用本民族的语言,选择汉语作为共同的交际工具;有的民族为了维护本民族的语言而进行了艰苦的斗争,但迫于经济和文化发展的需要,也不得不放弃本民族的语言而学习汉语,实现语言替换。我们把前一种情况称为自愿替换,把后一种称为被迫替换。在我国历史上,自愿替换和被迫替换的例子比比皆是。就总的趋势而言,隋唐以前是以自愿替换为主,隋唐以后则是被迫替换的比重要大一些。如鲜卑族的拓跋氏建立了北魏王朝,魏孝文帝为了加速语言的替换,还制定了一系列政策,禁止说本民族的鲜卑语,主张说汉语。由于统治者的政策是符合历史发展规律的,所以鲜卑族和汉族的融合、汉语替换鲜卑语的速度是非常快的。这就是自愿替换。而女真族建立金朝,一直采取措施抵制语言替换,金世宗屡次告诫群臣,要求使用女真语。《金史》中记载:"汝辈自幼惟习汉人风俗,不知女直纯实之风,至于文字语言,或不通晓,是忘本也。汝辈当体朕意,至于子孙,亦当遵朕教诫也。"金世宗完颜雍、清太宗皇太极都曾为保持其本族语言、防止其民族语言被汉语替换进行过努力,但汉民族发达的经济、先进的文化还是使得女真人即满族人先后放弃了本民族的语言,而转用汉语。这就是被迫替换。

总之,"自愿替换"和"被迫替换"只是就统治者所采取的政策而言,而不是说"被迫"中没有客观经济和文化发展的基础,"自愿"中不存在斗争。在以上提到的语言替换现象中,汉族在当时政治上处于被统治的地位,不可能给其他民族的语言施加任何特权。这种不以特权进行语言替换的方式,是符合历史发展规律的。

语言的替换是一个漫长的过程,一般会经过"双语"这一阶段。也就是被替换民族的成员一般会说两种语言——本族语和在替换中具有优势的那种语言。双语现象是替换过程中重要的、富有特征性的现象,是两种或几种语言统一为一种语言的必经过渡阶段。但双语只是语言替换的一个必要条件,仅此并不一定导致语言的替换。语言替换的另一个必要条件是不同的民族必须杂居,否则,语言替换也不能发生。例如,蒙古人建立元朝后实行蒙古人相对聚居的政策,不与汉族人杂居,因而在元朝近百年间蒙古语并没有被汉语所替换。

五、语言混合

语言混合是指两种语言相互接触、相互影响,产生了既不同于甲语言也不同于乙语言的一种新的语言系统,即混合语。

(一) 临时的混合:洋泾浜

洋泾浜是指不同母语者在相互交往的过程中,使用两种或多种语言混杂而成的一种简单的交际工具,是一种特殊的语言接触形式。

洋泾浜原为上海的一条河浜,地处旧上海的英、法租界之间。鸦片战争后,上海成为对外通商口岸,洋泾浜一带更是洋商云集之地。在与当地居民的交往中,外国商人为了克服交际的障碍,使用了一种混合了汉语成分的英语。这种变形的英语被叫作"洋泾浜英语"。洋泾浜是一种常见的语言现象,出现在世界许多通商口岸,并非中国独有。

洋泾浜是在交际双方都不会彼此语言的情况下,由交际双方的语言成分混合而成的沟通工具。外国人或外族人为了让当地人理解他们想要表达的意思,往往在语言上作出让步,也就是将他们的语言简化,并掺杂一些当地语言成分。同时,当地人在学习和模仿这一外语或外族语的过程中,不可避免地会受到母语的语音、语法和表达习惯的影响,并在一定程度上对这种简化后的外语或外族语进行改造。外国人或外族人为了与当地人顺利沟通,又不得不迁就这种改造。这样,双方在语言上相互妥协,尽量简化自己的语言,将本地或外族语言成分混合在一起,于是产生了一种新的语言系统——洋泾浜,这种语言建立在外语或外族语的基础上,双方都能接受。洋泾浜的共同特点是:语音经过当地语言语音系统的改造,如"room"读成"loom","all right"读成"all light";语法规则减少到最低限度,如无复数、有量词,Two piece book(两本书。英语的正确说法是"two books");词汇项目比较少,往往采用曲折迂回的方式指称事物、表达思想,例如,洋行老板让中国司机到大光明电影院买电影票,司机空手而归,指手画脚说的洋泾浜英语:"Man mountain man sea, today no see, tomorrow see, tomorrow see, same see(人山人海,今天看不成了,明天看吧,明天看,还是那个影片)。"

洋泾浜不是一种自然语言,而是一种临时的交际工具,交际双方只是在某些场合使用,没人把它当作自己的母语去使用。洋泾浜有两个发展前途,一是随着社会生活的变化而消失,比如1949年前上海的洋泾浜英语、越南的洋泾浜法语和洋泾浜英语。另一个是发展为混合语,成为某一地区人们共同的交际工具,如尼日利亚的洋泾浜英语和巴布亚新几内亚的洋泾浜英语(托克皮辛语)。

(二)克里奥尔语

克里奥尔语(créole 音译为克里奥尔,混血儿的意思),又叫混合语,是由两种或两种以上的语言相互接触而形成的混合性语言,并由孩子们作为母语来学习的语言现象。 在一定条件下,某个社会不仅把洋泾浜当作交际工具使用,还把它传授给子孙后代,让他们当作母语来学习,这样的洋泾浜就会成为一种混合语。

克里奥尔语一旦在一个社会的所有成员中扎下了根,它就可能变得和其他语言一样完整,并拥有自己的文字系统,有自己的书面语言,形成自己的文学传统。如从新几内亚的洋泾浜英语发展而来的克里奥尔语——新美拉尼西亚语,已基本定型,有简明的语法规则和音位系统,有自己的书面语形式。目前有三四十万人使用该语言进行交流,当地的报纸、广播和学校都在使用这种语言,还是巴布亚新几内亚的官方语言。

第四节 语言系统的发展

一、语音的发展

这里说的语音的发展变化指的是语音的历时性变化,这是一种永久性的变化,不同于前面提到过的语流音变现象。语音在历史长河中是一直处于变化之中的,只是由于这个过程比较缓慢,短时期内不易被人察觉。当时间跨度足够长,我们拿两个不同时期的语音进行比较,就会发现其中的变化。

受科学技术水平所限,古人语言使用的情况不能通过技术手段保留下来,我们无法再现古时的语言,所以古代语言的语音究竟是个什么样子,今人不得而知。但我们还是有很多途径获知语音的发展变化情况,进而去研究语言演变的规律。目前我们主要通过文字、古诗、方言或亲属语言以及借词等途径去认识语音的发展变化。

(一)通过文字的书写形式

文字是记录语言的书写符号系统。从文字的书写和读音的关系当中可以去窥探语音的变化情况。使用拼音文字的语言尤为明显,因为拼音文字记录的就是其语言的语音,拼写形式与读音匹配度很高。一般语音变了,文字的拼写形式也会跟着变。比如现代英语和古代英语的差别就很大,一个能读懂现代英语文章的人去读古代英语文章是很困难的,原因就在于读音变了,拼写形式也跟着变了,人们就没办法认识了。

汉字是表意体系的文字，字形与字音之间的关系主要体现在形声字上面。我们会发现现行汉字中，部分形声字的声旁与整字的发音并不一致，比如，江水的"江"字声旁是"工"，跟"江"的读音差别就很大。这种现象恰恰说明了古今语音之间的发展变化。

（二）通过古诗词的押韵情况

我们都知道，古诗都有严格的用韵要求，韵脚的字须是韵母相同或相近的字。但是我们也发现很多古诗今天读起来已经不押韵了，这也说明古今语音发生变化了。如杜牧的《山行》：

远上寒山石径斜，白云生处有人家。
停车坐爱枫林晚，霜叶红于二月花。

这首诗的韵脚是"斜""家""花"，"斜"很显然就不押韵。

（三）通过方言的读音

我们可以拿方言与普通话对比来看。以云南方言为例，部分方言词汇，普通话中这些词汇声母的发音是舌面前音 j、q、x，但在云南方言中读为舌面后音 g、k、h，比如"街"普通话是[tɕie]，云南方言是[kai]，"去"普通话是[tɕʰy]，云南方言是[kʰə]，"鞋"普通话是[ɕie]，云南方言是[xai]。通过研究发现，舌面前音 j、q、x 是后起的音，是舌面后音 g、k、h 腭化的结果，方言作为语言在地域上的变体，发展演变情况不完全一样，有些变化较快，有些变化较慢保留古音较多，因此我们也说方言是观察语言发展演变的活化石，能帮助我们去探寻语音演变的轨迹。

（四）通过外语借词（外来词）

不同民族之间的贸易往来、文化交流、移民、战争等原因给了大家相互接触交流的机会，也在语言上有所影响，影响之一就是形成了不少借词（外来词）。汉语中有来自日语、英语、梵语等语言的外语借词，韩语、日语、越南语等语言中也有很多汉语借词。词汇在借用的过程中，音译借词会把外族语词汇当时的读音保留下来。经考察研究，日语中的汉语借词保留了很多古汉语的读音，而这些读音在现代汉语中已经消失了。所以我们可以通过借词来认识和研究本族语语音的变化。

二、词汇的发展

语言是一种社会现象，新事物的产生、旧事物的消亡、人们思想观念的更新，都必然引起词汇的新陈代谢，以满足社会不断变化发展的交际需求。这具体表现在新词的产生、旧词的消亡和词语的替换三个方面。

（一）新词的产生

新词的产生与涌现的新事物有着密切的关系。随着科技的迅猛发展，人们的生活日新月异，语言也发生着潜移默化的变化。一方面人们为了认识、指称这些新事物，创造一些新词来标记它们；另一方面人们认识能力的提高，对已知事物的再认识，也需要创造一些新词来记录它们，满足交际的需要。如近些年出现的汉语词汇"内卷""双循环""逆行人""元宇宙""神兽""中国梦"等。

新词产生的主要方式是利用语言固有的构词材料和构词方式，如"手机""电脑"等词就是用"手""机""电""脑"这些构词材料按照偏正关系组织起来的。还有一些新词是从其他语言中借来的，如汉语的"坦克""沙龙"是从英语借来的；"布尔什维克""伏特加"是从俄语借来的；"香槟""蒙太奇"是从法语借来的；英语的"tea"、俄语的"чай"借自于汉语等等。

（二）旧词的消亡

社会的加速发展，时代的变革，语言中一些词长久不被人使用而逐渐消亡,这是旧事物、旧的生活方式退出日常交际的必然结果。如汉语的"宰相""童养媳""顶戴",英语的"subject(臣民)""washtub(洗衣盆)""mannequin(人体模型)"等,这些词现已成为了历史词汇,多保留在古代文献典籍中,或在特殊场合被起用。

以汉语颜色"白"的称呼为例,古时人白为"晳",鸟白为"䳞(hé)",月白为"皎",霜雪白为"皑",花草白为"皅(pā)",等等。后来各种事物的白就用同一个词"白"来表达,其他的称呼或消亡,或作为构词语素保留在现代汉语的词汇之中。从语言的交际功能来看,旧词的消亡符合经济、简易、便于运用的要求,减轻了人们的记忆负担。

(三)词语的替换

词语的替换仅是改变现实生活中某种现象的名称,而此种现象本身并没有太大的变化。这种现象名称的改变既有政治、历史、文化等方面的原因,如汉语有关工作报酬由"俸禄"到"薪水"再到"工资"的变化、英语有关美国黑人的称呼由"Negro"到"the American-Blacks/Afro-American"的变化。也有语言系统本身的原因,或通过原先意义相近的词进行替换,如汉语的"足"被替换为"脚","赤"被替换为"红","舍"被替换为"房";或通过语音上有联系的词进行替换,如汉语的"莫(暮)"被替换为"晚","踶(dì)"被替换为"踢"。这些被替换下来的词语大多作为构词语素保留在现代汉语的词汇之中。

总之,词汇的发展与社会的发展是同步的,是为交际所服务的。从词汇的发展方向看,新词的产生远快于旧词的消亡。词汇发展的趋势是不断朝着更丰富、表达更准确的方向发展。

三、语法的发展

随着社会的发展进步,人们对主客观世界的认识也越来越深入,思维方式也日趋丰富和精密,这就推动了语法结构的日益完善。语法的发展主要体现在聚合规则的发展和组合规则的发展等方面。

(一)聚合规则的发展

语法聚合规则的发展主要表现为形态的改变、语法范畴的消长和词类的增减。以俄语为例,俄语的形态变化比较完整,但与古俄语相比,也发生了一些重大的变化。俄语的名词原本有五种类型的变格法,现已经只有第一、第二两种变格法;双数已经消失,只剩下单数、复数两种形式;名词的性已从不稳定状态变为明确的阴、中、阳三个性。

再以汉语为例,现代汉语中量词、构词后缀"子""儿""头"等情况的出现和发展。汉语中的"子"原本是一个词汇意义很清晰的名词,解释为"子嗣"。《易经·序卦传》中"有夫妇然后有父子"中的"子"就是这个意思。现已经增加了新的含义,成为标记名词的后缀,构造新词,如"胖子""瘦子"等。

(二)组合规则的发展

组合规则的发展主要表现为语序的改变。如以英语为例,现在的英语语序大多是动词在宾语的前面,形成关系从句放在主语之后,修饰语放在中心语之后,但与古英语相比,这种变化经历了漫长的过程。英语的语序原本是宾语在动词的前面,形成关系从句放在主语之前,修饰语放在中心语之前。到现在,英语修饰语的位置还没有完全转变过来,还处在两种语序之间,如"女孩的双肩包"既可以说成"the girl's backpack",也可以说成"the backpack of the girl",用"of"表示原来属格所表示的意义,使修饰语放在中心语的后面,是后起的格式。

再以汉语为例,现代汉语的语序一般是"S-V-O",而在古汉语中,宾语有时在一定情况下要放在谓语动词之前,如疑问句、强调句、否定句中出现的宾语前置现象,在《邹忌讽齐王纳谏》中"忌不自信",宾语"自"就放在了谓语动词"信"的前面。在现代汉语中,宾语基本上放在谓语动词之后,但实际上,古汉语的这种"宾语前置"现象也存续在现代汉语的一些成语中,如"岁不我与"等。

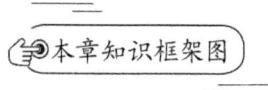

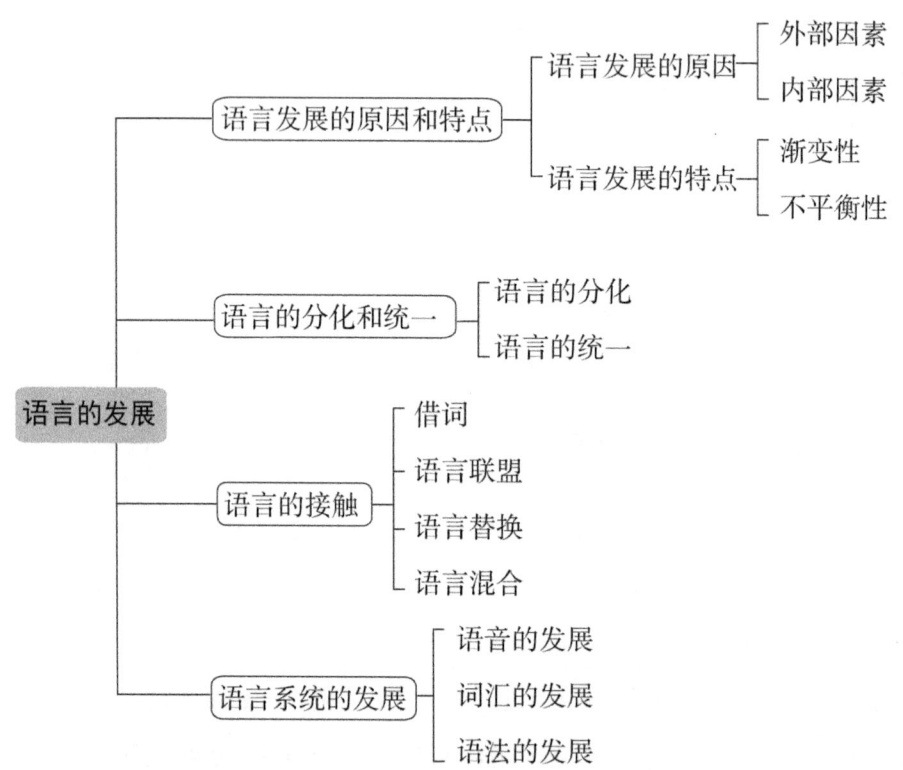

1. 为什么语言演变会有不平衡性特点?
2. 社会方言和地域方言有什么异同?
3. 从社会文化和语言两个方面,谈谈为什么有些语言中存在分歧严重的地域方言但仍视为同一种语言?

4. 观察一下身边或社会上的人,是否存在语言的社会变体?

5. 借词跟意译词、仿译词有什么区别?

6. 不同语言的接触会产生混合语吗?克里奥耳语跟洋泾浜的主要区别是什么?

7. 简要谈谈通过哪些途径认识语音的发展。

8. 词汇发展的结果有哪些?请举例说明。

9. 语法发展的表现有哪些?请举例说明。

第九章 文 字

内容提要：语言是人类最重要的交际工具。可以说，离开了语言，人类的生产生活是无法正常进行的。但由于"声不能传于异地，流于异时"，光靠口耳相传的语言是有局限性的。所以，人们为了克服语言在时间和空间上的限制，就发明了文字来记录语言，这也大大延伸了语言的交际功能。文字的产生，对人类社会发展具有里程碑式的重要意义，它促进了语言的发展，使语言更加丰富。本章将从文字的性质和作用、文字的起源和发展、文字的传播与改革等方面对文字进行全方位的探讨。

核心概念：文字；表音文字；表意文字；自源文字；他源文字

第一节 文字的性质和作用

一、文字的性质

"文字"一词可以指一个一个的字，也可用来指记录语言的书写符号系统。这一章所讲的文字，指的是后者。文字的性质主要表现在三个方面：

第九章 文 字

文字是用来记录语言的,所谓"言者意之声,书者言之记"(《尚书·序疏》)。语言的产生非常早,自从有了人类社会,就有了语言。因"声不能传于异地,留于异时"(《东塾读书记》卷十一),为了克服语言在时间和空间上的限制,人们就发明了文字,使语言除了说和听的形式以外,又增加了一种写和看的形式。因此,语言是第一性的,文字是第二性的,文字是在语言的基础上产生的。世界上的文字样式各异,种类繁多,但都是用来记录语言的,文字不能脱离语言而单独存在和发展。由于语言是音义结合的符号系统,因此用来记录语言的文字除了具有音和义两个要素以外,还必须有自己的形体。所以文字包括形、音、义三个方面。文字是用一定的形体,通过声音来表达一定的意义的。如英文"bus","bus"是形,"[bʌs]"是音,"公共汽车"是义。汉字也大致如此,一个字一般代表一个语素,也是形、音、义的结合体。但也有一些汉字只有形和音,没有意义,例如"葡""玻""蜘"等。朝鲜的谚文中有些字也没有独立的意义。

文字是一种书写符号,具备符号的特征,但文字不是一般的符号,而是用来书写某一种语言的符号。如果不是用来书写某一种语言的符号,即便有一定的意义,也不是文字。例如生物学中常用的两个符号"♀"和"♂",它们也是某种书写符号,也表示一定的意义,即"雌性"和"雄性",但这样的符号不是用来书写语言的,因此只是生物学的符号,而非文字。红绿灯、旗语、手势语等也表示某种含义,但它们都不是书写符号,因而不是文字。电报代码代表的是文字,是文字符号的符号,可以说是语言符号的符号。

文字是一种符号系统。系统,是指同类事物按照一定的关系组成的整体,其各个部分之间既相互联系又相互制约,单个的、孤立的个体是不能成为系统的。文字不是一堆杂乱无章、孤立符号的堆砌,而是有一定规则制约的相互联系的系统。比如汉字系统包含了所有的汉字,同时也包含了组成汉字的部件、书写规则和标点符号。英文则是记录英语的书写符号系统,包括英文字母、拼写规则和标点符号。

二、文字与语言

文字是在语言的基础上产生的,没有语言就没有文字,但文字和语言属于不同的符号系统。了解语言和文字的关系,十分重要。

(一) 文字从属于语言

前面说过,文字使语言除了说和听的形式以外,又增加了一种写和看的形式。但文字符号和语言符号的地位并不是平等的。文字从属于一定的语言,任何文字都必须服从记录这种语言的需要。比如汉字属于汉语,英文属于英语。语言符号是音和义的结合体,而文字只是"符号的符号"。我国清代学者陈澧说的一句话"文字者,所以为意与声之迹也"(《东塾读书记》),说明了语言和文字的关系。也就是说,语言是以语音为物质载体表达一定意义的符号系统,而文字是用书写/视觉形式对语言进行再编码的一种符号系统,是一种附属性的符号系统。一方面,任何民族都是先有语言,才有文字,如果说人类的语言已经有了几万年的历史,那么世界上最早的文字也不过只有几千年的历史,可见语言(语音)在先文字在后。另一方面,世界上所有的民族都有语言,却并非都有文字,至今仍然有很多语言是没有文字的,比如我国境内的一些少数民族。可见有语言的民族,不一定就有文字。

(二) 文字是最重要的辅助性交际工具

虽然语言和文字都是交际工具,但它们在社会中的作用却是不一样的。语言是人类社会最重要的交际工具,离开了语言,社会将不复存在。而文字对一个社会而言,则不是必需的。文字是辅助语言的交际工具,它只是扩大了语言作为交际工具的功能。任何一个社会,语言都是在儿童时期潜移默化地学会的,一般人人都能掌握。而文字不但需要花费很多时间,而且还需要具备一定的社会条件和经济条件才能学会,"会认字"和"能写字"的人总是比会说话和听话的人要少。但即便不识字,人们也能自如地使用语言,因此,一个社会可以没有文字,但必须要有语言。

(三) 文字具有相对独立性

文字虽然是记录语言的符号系统,但语言和文字毕竟不是一回事,文字是自成系统的一套符号,它与口头交际用的有声语言不同,一旦形成之后,就具有了相对独立性。这种独立性表现在以下几个方面。

第一,语言不能决定文字的一切,用什么样的形式记录什么样的语言,其间没有什么必然的联系。也就是说文字符号的形式与语言的联系并不是一一对应、固定不变的。同一种语言可以采用不同的文字形式,如南斯拉夫的塞尔维亚文有拉丁字母和斯拉夫字母两种拼写法;不同的语言,也可以采用相同的文字形式,比如汉字曾在历史上被朝鲜、越南以及日本等国家采用,形成了所谓的"汉字文化圈";又比如英语、法语、德语、西班牙语等都采用拉丁字母。另外,同一种语言,还可以改变自己文字的形式。比如,汉字传入越南后,越南人把汉字称为"儒字",在越南社会中占主导地位。大约在公元13世纪初叶,越南人感到汉字不能完全满足他们的需要,于是仿照汉字创造出一种新的"俗字",即"字喃"。1884年,法国占领越南,在越南推行拉丁化拼音文字。1945年越南独立,以拉丁字母文字作为法定文字。这些事实就证明语言和文字形式的关系并不是绝对的,文字具有相对独立性。

第二,文字符号具有相对稳定性,文字和语言发展变化的速度不同。文字的发展变化要比语言缓慢得多,语言的变化不能马上在文字中表现出来。因此,人们往往要经过较长的时期,才能觉察出来语言的变化。与语言相比,文字的寿命更长久,几百年乃至几千年前的文字资料仍然能够被后人阅读,没有很大障碍,就是因为文字没有发生较大的变化。比如汉代以来的汉语发生了巨大变化,但汉代以来的汉字,则与现代汉字保持了较强的一致性,这就给我们阅读古籍提供了方便。即使是表音文字,也不会随着语言中语音的变化而轻易变化的。比如现代英文词的拼写方式大约是在公元15世纪时基本定型的,从那时以来,英语语音发生了较大的变化,但词的拼写却很少改动,以至于现代英文词的拼写与口语脱节,有很多一符多音、不发音的现象。又如汉字中的形声字的声符虽然有很多已经不能准确表音了,但仍然不能随意更换,也是同样的道理。

第三,文字和语言内部的发展机制也是不同的。语言的发展动力主要来自社会的发展和内部各要素的相互影响,而文字作为书写符号,还会受到书写材料等因素的影响。

(四) 文字和书面语

书面语是用文字写下来的一种语言存在的形式,因此文字和书面语的关系十分密切。正因如此,有很多人会把文字和书面语相混淆,甚至把文字和语言相混淆。在现代汉语中,"文字"这个词至少有三个义项:一是"书写或记录语言的符号",也说"字"或"字母",如汉字、英文字母等;二是"语言的书面形式或书面语",如中文、英文等;三是"词语或文章",如"文通字顺、文字晦涩"等。正因为现代汉语中"文字"不仅有"书写或记录语言的符号"的意思,也有"语言的书面形式或书面语"和"词语或文章"的意思,所以一般人们提到文字也就自然而然地想到了书面语,进一步也就把文字和语言等同起来。例如有人说联合国印发的文件,同样的内容,汉字文本就那么薄薄的一本,而其他语言的文本就有厚厚的一本,可见汉语是多么精练!其实这种说法就是混淆了文字和书面语,混淆了文字和语言。

实际上文字只是一种符号或者说是一种工具,其本身并不等于书面语。这就好比用木头可以做成家具,用矿石可以炼成钢铁,再加工成钢板,最后做成汽车,但是木头、矿石以及钢板本身,却并不就是家具和汽车,家具或汽车的作用跟木头、矿石或钢板的作用显然不是一回事。

三、文字的作用

虽然文字的产生不过几千年的历史,但是文字的产生是人类发展史上的一件大事。人们把文字的出现看作是人类进入文明时代的标志,这就充分说明了文字在人类历史上的重要作用。

(一) 文字克服了语言的时空局限

语言是通过口耳交际的,而交际的过程本质上是通过声音进行的。由于声音是一发即逝的,所以人们说话要受到时间和空间的限制。所谓空间限制,是说语音传播距离是有限的,交际双方距离过远就听不见;所谓时间的限制,是指语音一闪而过,无法保存,正所谓"一言既出,驷马难追",过去说的话现在听不见。因此,只有在同一时空内,才能进行语言的交流。时间和空间限制了语言功能的发挥。为了克服这种局限,或者说是为了让说出来的话传递得更远,保存得更久,人类慢慢地就发明了可以把说过的话书写下来的文字,这也就使得一发即逝的语言能够"传于异地,留于异时",从而解决了语言的时空局限问题,语言传递信息的能力也就大大提高了。这样,不在交谈现场的人,隔着千山万水的人,也可以通过文字写成的文本相互交流信息。尽管随着社会的发展,各种通信手段也能使语言跨越千山万水,但仍然不能像文字那样被广泛、频繁、反复地运用,代替不了文字的巨大作用。因此,文字仍然是扩大语言功能的最重要的交际工具。

(二) 文字使人类文化得以积累

文字不仅是记录语言的工具,还有重要的文化功能。文字不但开启了人类文明的历程,更是人类积累知识和传播经验的最为直接的媒介和通道。在没有文字之前,人类的历史主要是通过传说和史诗来传诵的,当时每个文化群体或部落都有一些人专门唱史诗,讲传说。如果遭遇天灾人祸,会唱史诗的人都去世了,历史的记录可能就会中断,这个民族的历史也可能烟消云散。同样,在没有文字之前,人类的各种文化知识和生产经验仅仅是靠口耳相传,一旦传承者遇难,这些曾已创新的知识和经验便会荡然无存。文字的出现为人类历史和文化的传承提供了更好的媒介,使人类历史得以久远流传,人类的创新知识和经验得以积累增加。文字记录的内容是揭示和研究人类文化活动的绝好材料,是存封和凝固文化的活化石。

(三)文字能促进思维的发展

一种文化如果没有文字,就好像一个人不识字。识字的人和文盲在智力和能力上的差别是非常大的。有了文字,人类不仅能用语音来思维,还能用文字思维。文字的出现导致了另一种语言样式,即"书面语"的产生,为人类开展更为复杂的思维活动创造了物质条件,它使思维有了表象,并且能够在时间和空间中保留下来,反复推敲多次。如果只有有声的语言,人类的知识仅仅来源于个人的直接经验和口耳相传的间接经验,那信息量肯定是有限的。而有了文字,有了各个时代人们通过实践不断获得和积累的人们用文字记载下来的经验,人脑也就有了更多的加工原料和信息储备,这对于大脑的思维能力是一种持续的再训练,对脑力素质和潜能的不断提升都是有益的。

总之,文字的出现不仅使人类可以通过文字进行超越时空的交流,而且使人类文化得以传承,还促进了人类思维的全面发展。可以说,在人类文化的演进过程中,语言的出现是第一个里程碑,它使得人类脱颖于动物。文字是第二个里程碑,它使人类从原始社会进入文明社会,或者说从史前时期进入有史时期。

第二节　文字的起源和发展

　　用文字记录语言,实际上就是设计一套符号去书写语言中的某种单位。这个问题现在看当然是很清楚的。但是人类曾经为了创造文字却付出了很多,而且应该说到现在为止人们还在为改进和发展文字而努力。了解人类语言的文字是怎么产生和变化的,不仅可以更清楚地认识文字的性质和类型,而且也有可以科学地预见和适应文字的发展。

一、文字的起源

　　文字出现的时间比语言要晚得多,文字从产生到成熟经历了一个十分漫长的过程。上古时期,人们的生产生活水平比较低,需要人们记忆或流传于后代的事情也很少,一般靠口耳相传或记忆就可以满足人们日常的交际需要。但随着社会的发展,人口越来越多,社会生活也日益复杂。在这种情况下,一些复杂的交际任务单单靠有声语言是无法完成的。因此必须要想出一种方法,把这些复杂的事情记下来,这样才能帮助人们记忆,辅助语言完成交际任务。经过长期的摸索和实践,人类找到了一些记事的方法。

(一) 实物记事

　　对于古人来说,实物记事是最常用的一种方法。所谓实物记事就是用具体的物件来表达信息,传递思想。这种方法是古人备忘记事最广泛、最直接的形式,是人类文明发展史上阶段性的产物。实物记事有很多种形式,结绳、结珠、讯木、刻石等都是比较常见的形式。

1. **结绳记事**

结绳是用在绳子上打结的方法记事,是早期人类普遍采用的一种记事方法(如图9-1)。这种方法我国古代就有使用,在史书上有很多记载。《周易·系辞下》说:"上古结绳而治,后世圣人易之以书契。"东汉许慎在《说文解字》中也说:"神农时结绳为治而统其事。"结绳记事就是利用绳子的不同颜色、绳结的不同数目来帮助人们记忆,或者传达命令。《周易集解》引

图9-1 结绳记事

《九家易》说:"古者无文字,其有约誓之事,事大,大结其绳;事小,小结其绳。结之多少,随物众寡,各执以相考,亦足以相治也。"唐兰先生在《中国文字学》中也说:"在没有文字以前,契券就是绳结。"古代秘鲁在每个市镇都设有结绳官,专门负责绳子的结法和解法。比如,结绳官在一根主绳上系各种颜色的绳子表示不同事件,如红色表示战争和兵卒、黄色代表黄金、白色代表白银与和平、绿色代表禾谷等。琉球人、台湾的一些少数民族也都采用过这种方法。我国独龙族在新中国成立前仍在使用结绳记事。亲朋好友相约,双方每天在各自结数相等的绳上解个结,绳结解完的那天就是约会的日子。

2. **结珠记事**

结珠是将不同颜色、不同大小的贝壳,用绳索串在一起用来记事。据说印第安人和伊洛魁人都采用过这种方法记事。有人认为,我国的算盘就是从"结珠"演化而来的。

3. **讯木记事**

讯木记事也是一种记事方法,就是将各种符号、花纹刻在木板或木棒上,或插进其他东西,用来记数或传递信息。据《北史·魏本纪》记载,魏先世"射猎为业,淳朴为俗,简易为化,不为文字,刻木结绳而已"。《唐会要·吐蕃》记载吐蕃(今藏族)"无文字,刻木结绳以为约。征兵用金箭,寇至举烽。"《五代会要》也记载"契丹本无文记,惟刻木为信"。云南省博物馆就藏

有多件佤族的木刻,其中有一件记账木刻:尖端代表债主,中间代表中间人,一侧刻有三个刻口可能是指有3个中间人,根端代表借主。在一侧刻有许多细小的刻口,代表钱数。在钱数多的情况下,一个刻口可代表5元,少的情况下,可代表1元。(见图9-2)

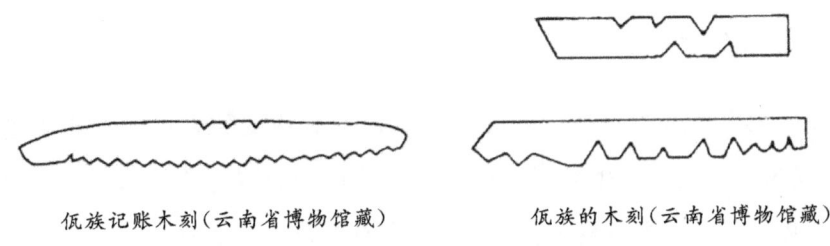

佤族记账木刻(云南省博物馆藏)　　佤族的木刻(云南省博物馆藏)

图9-2　讯木记事

可见,在文字发明之前,讯木等也与结绳一样,具有重要的交际功能。古代的虎符、令箭可能就是由讯木记事发展而来的。

实物记事的方式还有很多,近现代一些没有文字的民族还保留着这样的做法。有的借助于实物的读音及其特有的属性来传递信息和表达情感。如景颇族直到近代还有这样的习俗。景颇族称蕨叶为"德滥",而男女相爱相思,也含有"滥"音,故蕨叶被引申为"想你,爱你"。如果表意用的实物太多,就把实物按照意思排列起来,然后用线把实物穿起来。如把一枚针、一片蕨叶、一些草烟和一棵芳草依次排起来就表示"思君之甚,请君速来,与我相见"。有的则是借助某些实物的意义来交流思想。如云南佤族每逢大节才杀牛,因此牛肉、牛骨就被赋予了重要和重大事件的意义。西盟佤族在建国前表示两个村寨关系好坏与否时,就采取了送牛骨的方法:两寨关系友好,送一根完整的牛肋骨;关系破裂,送一根砍断的牛肋骨;希望邻寨帮忙攻打敌人,则送三四根连肉的牛肋骨。有的既借助实物之形,又借助实物之音来表情达意。如樊绰《蛮书》卷十记载:南诏为了表达归附唐王朝的愿望,除了送上"绢书一封",还附加送"金缕合子一具"。合子有绵,有当归,有朱砂,有金。南诏使臣对此进行了解释:"送合子中有绵者,以表柔服,不敢更与为生梗,有当归者永愿为内属,有朱砂者盖献丹心向阙,有金者言归义之意,如金之坚。"

上述各类实物记事都能够起到一些帮助记忆和提示的作用,但显然用实物来记事很不方便,表达的信息也有限,更为关键的是,不与任何一种语言单位相结合。因此,这些只是在文字诞生以前人类使用过的记事方式,跟文字的起源没有直接关系。

(二)图画记事

图画记事是通过图画或者简单的图形来表达某种思想或记录某些事件,它是另一种文字产生之前人们较普遍采用的记事方式。图画经常被刻划在树皮、岩石、骨头或皮革上,下图就是印第安人奥基布娃部落一个女子的情书,其实就是这个女子在树皮上写给自己情人的信。

左上方的"熊"是女子的图腾,左下方的泥鳅是男子的图腾,曲线代表走的路,帐篷表示聚会的场所。画一个人在帐篷里,表示她等在那儿。旁边的三个"十"字,表示居住在周围的是天主教徒。帐篷后面画有三个大小不一的湖沼,用来指示帐篷所在位置。(见图9-3)

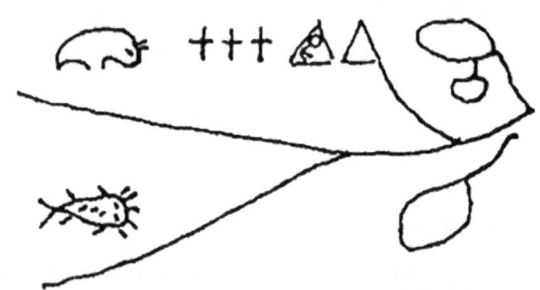

图9-3 印第安人奥基布娃部女子情书(图画记事)

这种图画整体描绘所要传达的信息,是否看得懂或不同的人是否有一致的认识,要看绘画者和看画者的生活经历、所处环境,以及他们彼此的联系和约定,与他们是不是说同一种语言并无关联。个人生活习惯和经历不同,对同一记事图画就会有不同的理解,甚至可能会出现不知所云的情况。即使是能够看懂这幅画的人,描述这幅图画的意思也可以用完全不同的语言或同一种语言不同的话语来表达。因此,记事图画只能大体表示所要传达的意思。

第九章 文字

与实物记事相比,图画记事简便易行,形象生动,所表达的含义也更加清晰,所传达的内容也更加丰富,比实物记事前进了一步。记事图画虽在一定程度上能够起到帮助记忆、辅助交际的作用,但它们与语言中的词、句没有对应关系,因此,还不是文字。随着人类社会的进步和社会生活的日益复杂,人们需要记录和传递的信息越来越多,要求记录的内容更加具体和复杂。于是,古人经过长期的实践和探索,找到了一个比较好的办法,那就是在记事图画的基础上,对图画进行简化,把它作为一个符号,来代表语言的意义单位。一旦图形与语言的意义单位结合了,就有了文字的性质。因此,人们普遍认为,记事图画是文字的前身。《说文解字》:"文,错画也,象交文。""文"即"纹"之初文。"书画同源"大概说的是,最早的文字都有画画的成分在里面。中国云南纳西族所用的东巴文,纳西语称为"森究鲁究",意为木石痕迹,即见木画木,见石画石。但图画毕竟与文字不同,文字的材料一开始是简略示意的、约定的能表达语言的图形,但以后逐渐发展为约定的符号,离图画越来越远。也就是说,只有将一个个的图形抽象化、符号化,把语言中的一个个语素或词用这些简化后的图形记录下来,文字才会真正产生。

(三)刻划符号

除了实物记事和图画记事以外,还有一种记事方式,即刻划符号。比如,我国半坡、大汶口、良渚等文化遗址出土的许多陶器、玉器,有一些刻划有族徽、图绘、文饰、陶符、图案、记号等形体,其中不少与甲骨文的形体近似。比如半坡陶器上的刻符(见图9—4):

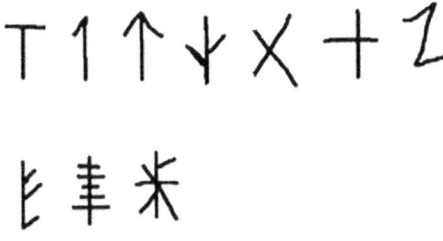

图9—4 半坡陶器上的刻划符号

半坡陶器上的刻划符号形体十分简单，与记事图画相比更为抽象。尽管目前还没有确切地解读这些刻划符号的意义，但研究者认为，这些多次重复出现的刻划符号表达的是某些固定的意义。

唐兰先生在《中国文字学》中指出："文字本于图画，最初的文字是可以读出来的图画。"这里他所指的图画实际上就是由刻划符号演变而来的。它们有的与商代的甲金文同形，有的近形，年代最远的也有近八千年的历史。因此，有人认为刻划符号是汉字的起源。郭沫若认为："刻划的意义至今虽尚未阐明，但无疑是具有文字性质的符号。如花押或者族徽之类。我国后来的器物上，无论是陶器、铜器或其他成品有物勒工名的传统，特别是殷代的青铜器上有一些表示族徽的刻划文字，和这些符号极其相似。由后以例前，也就如由黄河下游以溯源于星宿海，彩陶上的那些刻划记号，可以肯定地说是中国文字的起源，或者中国原始文字的孑遗。"对于这种观点，也有很多学者持不同观点，刘宝才认为："大量见于陶器上的刻划符号各有一定的含义和相对固定的形状，具备了文字的部分因素，但刻划符号没有读音，还不能算作文字。它的进一步发展才是最初的中国文字。"中国目前公认的最早的文字体系是殷墟发现的甲骨文。因此，考古发现的尚未形成文字体系的刻划符号，学术界并不认为是文字，而是应称为记号或符号。毕竟要承认是一种文字，必须要证明它的形体、读音和意义。刻划符号的作用是记录一件件具体的事情，它并未和语言相结合，也不能代表语言中的单位，更没有固定的读音和意义。使用范围也非常狭窄，无法成为全民的交际工具。因此，不论是记事的实物或记事的图画，还是大量的新石器时代的刻划符号，它们和语言没有直接关系，还不具备文字的性质和作用，因此都不是真正的文字。

二、文字的发展

（一）原始文字

原始文字与记事画面看起来非常相似，但它已经基本满足了文字的三个条件:一是具有数量足够多的与某种语言中的结构单位相对应的小图形,可以根据该种语言的音读出这些小图形;二是具体图形所表达的意义是基本固定的,可以反复运用;三是线性排列图形,按其顺序读出来就是词语的顺序,顺序不同,含义也不同。

  脱胎于记事图画的原始文字,它的形体并没有完全定型,有些结构单位没有对应的字形表示,字形与基本结构单位的对应关系也没有完全固定,所以,这种文字只能对语句进行大致的记录,只能称为原始文字。当然人们不可能一下子就创造出完善的文字来。可以想象,最早的文字应该做不到完整地、精确地记录语言。我国云南纳西族过去使用的东巴文就是一种原始的文字,这种文字还带有很强的记事图画的痕迹,不能与语言中的字词句完全对应,字句组织的疏落程度会因人而异,一两个字有时候甚至可以记下一句包括好几个词的话。东巴文用原始文字所写的句子,不能和语言中的成分一一对应,一些不可缺少的成分可能会被省略,文字的排列顺序也不确定,这种现象在纳西东巴文中较为常见。总之,这样的文字只能粗略地记录句子,需要经过漫长的发展过程才能成为一个独立的文字系统完整地记录语言。

(二) 表意文字和表音文字

  根据书写符号与语言音义之间的关系,可以把文字分为表意文字和表音文字两大类。

1. **表意文字**

表意文字是用书写符号记录词或语素的意义的文字体系。我们所熟悉的中国的甲骨文、美索不达米亚的苏美尔楔形文字、古埃及的圣书文字及中美洲的玛雅文字都是世界上比较古老的文字。这些文字还带有图画的性质,但它们都反映了语言的形式,记录了语言中一个个的词语。同时,这些字都不表音或者与声音没有直接的关系,也就是说与意义直接对应,与语音间接相连,我们把这样的文字称为表意文字。它们是从最初的记事图画、符号演变成相对简化的形体符号,并和语言中一个个的词或语素建立了固定的对应关系。

汉字是历史悠久、至今仍在使用的唯一的表意文字。但是汉字的形体几经变化,这种演变的直接结果就是它已经没有了最初那样的象形特征,但是这并不妨碍汉字的表意性质。因为一方面我们还可以通过汉字形体演变的过程去还原一些汉字或者字符的原始形态,另一方面,无论是象形符号还是抽象符号,它所记录的仍然是词或者语素的意义。东汉许慎提出的"六书":象形、指事、会意、形声、转注、假借,后三种可以说都和语音有一定的联系。形声字、假借字的出现反映了我们的祖先认识到文字与语音的关系,有了用文字来记录语音的意识,但是用来表音的汉字或者字符本身仍然是表意字,形声字的音符、假借字只能起间接表音的作用。所以这样的汉字仍然属于表意文字。

2. 表音文字

表音文字是书写符号记录语言声音文字体系,又称拼音文字。现在世界上使用的文字,绝大多数是表音体系的文字。根据表音文字所对应的语音单位的不同,又可分为以下三种类型。

(1)音节文字

音节文字的一个符号对应语音中的一个音节。如日文中的"假名"。

(2)音位文字

通常情况下,音位文字的一个符号对应一个音位。英、俄、阿拉伯等文字都是音位文字。如英语"flag(旗)",四个字母分别表示/f/、/l/、/e/、/g/这四个音位。有些语言存在特殊情况。英语中有时几个书写符号代表一个音位,如,"ea"有时代表/i/;有时不同的书写符号代表同一个音位,如,有时"k"和"c"都代表/k/。

(3)辅音文字

辅音文字只有表示辅音的符号没有表示元音的符号,这是由于在使用辅音文字的语言,通常是辅音较多,元音较少,辅音区别意义的作用要比元音大。古希伯来文、古腓尼基文、阿拉伯文等都是辅音文字。

虽然表音文字并不像表意文字那样能从形体上看出表示的是什么意义,但语言的底层原本就是由数十个音位构成的,上层的符号序列层(语素、词、句子)都是在这个基础上繁衍生成的。因此表音文字就相对简洁、方便。现在世界上绝大部分的文字都是表音文字,新造的文字也是表音文字。

(三) 自源文字和他源文字

表音和表意文字是从文字的字符同语音、语义之间的关系的角度所作出的最为通用的分类。世界上的文字大都可以纳入这种分类中的某一类。除了这种分法之外,还有人从发生学的角度对文字做了划分,分为"自源文字"和"他源文字"两类。

1. **自源文字**

自源文字是独立创造的文字,不借用或参考其他文字。 这种文字从产生之初,就走上了独立发展的道路,在文字的形状和体系上都是自己独创的,而且有相当长的历史。中国的汉字、古埃及的圣书字、苏美尔人的楔形字和中美洲的玛雅文字都是自源文字,中国彝族的彝文也是自源文字。

2. **他源文字**

他源文字,又称借源文字,是指部分或全部、借用或参考其他文字体系而建立的文字,如日文的假名就是借源于汉字的草书。英文、法文等都借源于拉丁字母和希腊字母,而希腊字母又借源于古埃及文。

过去,有一种看法相当流行,即从象形到表意再到表音是文字发展必经的三个阶段。其实,人类文化的发展,从来都是多元发展的。一个民族采用或选择哪种类型的文字记录自己的语言,与该民族的历史、文化传统、民族关系密切相关,也与该民族语言的特点及语言文字使用者的思维方式、心理特点、审美观念有着千丝万缕的联系。

第三节　文字的传播和改革

一、文字的传播

文化具有传播性，文字是文化传播的主要载体，自然也有传播性。文字的传播，其实也就导致了借源文字的产生。

当今世界的语言大约有5000种，其中大概只有210多种语言才有文字。世界上使用汉字的人数最多，使用地域也非常广泛。以中国为中心，从日本经韩国到新加坡，形成了汉字文化圈。加上欧洲、美洲、澳大利亚、东南亚等地华侨，使用汉字的人数超过15亿。

汉字产生于五六千年前的原始社会末期。我国在很早以前就与亚洲的一些国家相互往来，有着密切的联系。随着经济和文化交流的日益密切，这些国家都相继引进了汉字。在中国国内，汉字也深刻影响着少数民族文字的发展。历史上，汉字在境内外的传播主要有三条路线：

（一）由中原向南传播

从黄河流域至长江，继续南下，传到现在的广西壮族地区及越南一带，产生了方块壮字和字喃。中国壮族的祖先大约在秦代开始接触汉字，唐代时仿照汉字创制方块壮字，始用于宋，衰落于明末。相传，汉字传入越南大约在公元40年。当时越南人称汉字为"儒字"，即儒家的文字。此后1000年间，汉字一直是越南的正式文字。10世纪后，越南人仿照汉字，创制了方块喃字。其中一部分借用汉字，另一部分是通过会意、形声、假借等方法造的新字。这种文字只在短时期作为正式文字被使用,与汉字并用,其他时间多在民间使用。1884年法国占领越南,1885年殖民当局在越南南部推行拉丁化拼音文字。1945年越南独立,不再使用喃字和汉字,把拉丁字母拼写的新文字作为法定文字。

(二)由中原向东传播

从黄河流域向东经辽河、鸭绿江至朝鲜、日本,并形成了谚文和假名。朝鲜是中国的近邻,从汉朝末一直到三国时期,汉字传入朝鲜,成为了正式文字。韩国人不仅学习中国的经书,如《四书》《五经》等,还用汉字记录朝鲜语。但朝鲜语和汉语有很大的区别,汉字很难与朝鲜语的特点相适应。为了发展朝鲜民族文化,李朝时期(1392年—1910年)创制了朝鲜语的表音字母,并于1446年在《训民正音》中刊行,史称"正音字"。宫中设"谚文厅"传授新字,此种文字又称"谚文"。谚文是拼音文字,字母近似汉字的笔画,每个音节拼成一个方块。那时候的谚文字母是夹在汉字中间来使用的。19世纪后期,汉字与谚文混合成为正式文字,汉字书写的是词根,谚文书写的是词尾。这种混合文字相较于汉字而言更适合朝鲜语的特点。20世纪初,汉字与谚文混合体取代了汉字。1948年,朝鲜废除汉字,全部采用谚文字母,韩国则保留了汉字。

晋朝时期,汉字传入日本,成为古代日本的官方文字。日汉两种语言的结构差异,造成了日本人学习和使用汉字的困难。随着汉字知识的普及,日本开始借用汉字作为音符记录和书写日语,形成了日语音节字母。起初用全字,后简化楷书,取其片段,形成片假名。草书盛行于日本平安时代,在简化草书的基础上形成平假名。从汉字传入日本到假名的成熟,经历1000年的时间。假名最初只是汉字的注音符号,并非正式文字,后来才进入文字体系,也就是以汉字为主,假名为辅。"二战"后,日本推行了语文平民化的政策,开始限制汉字的字数。后来日文逐渐发展为以假名为主,汉字为辅的混合文字系统。

(三) 由中原向北传播

从黄河流域逐渐向北即现在的内蒙古、东北三省、宁夏和甘肃传播,产生了契丹字、女真字、西夏字。后来,这些记录中国北方少数民族语言的文字渐渐失传,成为了消亡的文字。

目前,拉丁字母、斯拉夫字母和阿拉伯字母文字是世界上使用较普遍的字母文字。这几种字母文字都是记录闪语的腓尼基字母文字的直接或间接后裔。22个腓尼基字母源自古埃及文字,只标记辅音,是典型的辅音文字,书写顺序自右向左。希腊语的元音和辅音同样重要,照搬腓尼基字母文字很难适应希腊语的特点。公元前10世纪左右,希腊人以源自腓尼基字母的阿拉美(阿拉米亚)字母为中介,对腓尼基字母进行了改造,创造了音位文字。希腊人将腓尼基字母中一些标记辅音的字母(这些辅音在希腊语中是没有的)作为标记元音的符号,还把腓尼基字母从右到左的书写习惯改为从左到右。这套文字系统一直被希腊人沿用至今。

后来,希腊字母被居住在意大利的额特鲁利亚人借用,形成了额特鲁利亚字母。公元7世纪,罗马人根据额特鲁利亚字母创制了拉丁字母(又称罗马字母)。拉丁字母最初有21个,后来逐渐增加到26个。许多现代字母都是源自拉丁字母。西欧、美洲、澳洲、非洲的许多民族和国家,东欧一些国家如罗马尼亚、匈牙利、捷克、斯洛伐克、波兰、阿尔巴尼亚、波罗的海沿岸诸国,亚洲的印度尼西亚、马来西亚、菲律宾、土耳其等国,都使用拉丁字母文字。我国现行的汉语拼音方案是在拉丁字母的基础上创制的,一些少数民族新创文字也使用拉丁字母。为适应具体语言的特点,借用文字的过程中常需改造或调整原有字母的形体和文字体系。比如法文和英文均从拉丁文分化而来,都有26个字母,但法文和英文26个字母标记的元音和辅音却有差别。

斯拉夫字母是在希腊字母基础上创制出来的。公元9世纪,希腊正教传教士基利尔(Cyril)为了传教的需要,在源自希腊字母的拜占庭(东罗马)

字母的基础上，补充了一些适应斯拉夫语言特点的新字母，创制了斯拉夫字母（又称基利尔字母）。古斯拉夫字母共 43 个，流行于俄罗斯、保加利亚、蒙古国等国。现行的俄文字母是在古斯拉夫字母基础上经多次改进而形成的，一共有 33 个字母。

阿拉伯字母源于古老的北方闪语字母，即阿拉美字母，约形成于公元前 8 世纪。阿拉伯字母的特征是只表示辅音，元音则用附加符号表示，书写顺序为从右到左。随着伊斯兰教的传播，大部分伊斯兰教国家或民族使用阿拉伯字母文字，我国维吾尔族、哈萨克族、柯尔克孜族也使用阿拉伯字母文字。

二、文字的改革

文字作为记录语言的书写符号系统，有相对的稳定性和独立性。文字的书写形式一旦确定，就不会轻易改变。但就整个文字发展史而言，世界上的各种文字都有过不同程度的变革，或在原有文字基础上发生了变动，或在整个文字体系乃至文字的制度上进行了改革等。而这些变革，从根本上讲都是为了更好地与语言的发展相适应。语言总是处在不断变化之中，语言变了，文字如果不变，难免出现语音和书写分歧。如古代很多押韵的诗歌我们今天读起来却不押韵了，文字还是那些文字，为什么呢？究其原因，是因为文字的读音在历史的长河发展中不断变化，造成了文字的书写形式与语言实际读音的矛盾。因此，为更好地适应语言变化的要求，更好地记录语言，需要适时地调整或改革文字。如果原有文字体系不适应所记录的语言，还可改变文字体系，甚至改变文字类型。

文字改革是人类语文生活中的常见现象。现在，世界上通行的各种文字特别是历史悠久的文字，都经历过不同程度的改进和改革。

（一）文字体系内部的改进

文字体系内部的改进是指不改变文字体系和文字制度，在原有的文字内部进行局部的调整。凡有一定历史的文字都有过内部调整。比如,拉丁字母最初只有 21 个,后来经过改良,又增加了 5 个字母;法文字母最初为 22 个,后增至 26 个。又如我国 1956 年推行的汉字简化方案,涉及简化汉字 515 个,这些简化后的字与原来的字体相比,只是将字的形体进行了改动,省去了部分笔画,并未对汉字的体系进行改变。

(二) 文字体系的改革

文字体系改革指不改变文字制度,只改变拼写语言的符号系统。古英语使用鲁纳(Rune)字母,基督教传入后改用拉丁字母。苏联时期的许多少数民族原先使用的是阿拉伯字母,十月革命后又过渡到以拉丁字母为基础的斯拉夫字母。1928 年土耳其将阿拉伯字母改为拉丁字母。1930 年,蒙古国将原蒙文字母改为拉丁字母,1940 年又将其改为斯拉夫字母。印度尼西亚先后使用过印度天城体字母和阿拉伯字母文字,15 世纪末改用拉丁字母文字。我国的维吾尔、哈萨克等民族曾使用阿拉伯字母文字,1965 年改为拉丁字母文字,1982 年又恢复使用阿拉伯字母文字。以上几种都属于文字体系的改革。

(三) 文字制度的改革

文字制度改革指不仅改变文字体系,还改变了文字制度。古埃及文字是表意文字,现在埃及使用表音文字。日本曾使用表意汉字作为表音符号标记日语,后改为用假名记音、汉字表意的方式记录日语。朝鲜原本使用表意文字汉字,1948 年改用谚文字母,成为表音文字。越南将表意文字字喃改为使用拉丁字母的表音文字。以上均属文字制度的改革。

汉民族用汉字创造了光辉灿烂的文化,甚至对亚洲许多国家文化的发展都起到了积极的作用,日本、朝鲜、越南都使用过汉字,并深深地影响到后来自己文字的改革。汉字是表意文字,相对于拼音文字来说,确实是难学、难写、难认和难记。随着社会的发展,汉字也开始逐渐暴露出与现代科技、文化教育以及实际

第九章 文 字

生活需求不相适应的一面。它在书写、学习、排版、通信、情报检索、文字信息的存储和处理上,远不如拼音文字方便。如汉字的符号非常多,比音位文字的字母要多好几百倍,由于汉字的繁难,我国的小学启蒙教育要比拼音文字的国家多花两三年的时间。由于汉字同语言单位缺乏固定的语音联系,汉字中虽然有大量的形声字,有表音成分,但无法做到准确表音。一字多音、同字异体现象严重,甚至有些字无法审音辨义。汉字的这些缺点对汉语学习、文字工作、国际文化交流等都有十分不利的影响,因此从19世纪末开始,我国就不断有人发出文字改革的呼声,要求实现拼音化。

那么,汉字体系是否需要改革,实现拼音化呢?至少从目前来看,我们还没有看到对汉字体系进行拼音化改革的需要。

首先,汉字有区别同音语素或同音词的功能。汉语的音节结构比较简单,数量有限,而语素的数量要比音节多出许多倍,因而在语言中有特别多的同音语素,利用汉字就可以有效地对同音语素进行区分。例如"hǎo"这个音节所表达的语素就有15个之多(据《现代汉语词典》),一旦实现拼音化,这些原本以字形区分的不同语素,就会出现无法辨识的情况,势必造成语言文字使用上的困扰和混乱。有些单音语素虽然不再单独使用,但与其他语素结合起来构成一个多音节的复合词,这自然可以减少一些同音语素所带来的麻烦。

其次,从文字本身的特点来看,汉字与拼音文字也是各有长短之分的。虽然拼音文字有易学易用的优点,但也有它的弱点,它只能和一时一地的语音联系,难以沟通方言,更无法贯穿古今。所以从文字的稳固性上看,汉字反而比拼音文字更具优势,它跨时间,贯古今;跨地域,使不同方言区的人们无障碍沟通。汉字与语音没有直接关系,无论用哪种方言去读,意义没有变化,这是汉字一直作为一种统一的文字被持不同方言的人所认同的原因。汉字使不同方言区的人有了彼此沟通的可能,这显然对于维护国家统一、民族团结是十分重要的保障。

最后,我国是一个历史悠久的国家,优秀的文化历史传统都是通过汉字记载下来的。如果把汉字废弃了,实现拼音化了,我们的文化历史传统就难以广泛地传承。如果不能妥善解决这一至关重要的问题,汉字就没办法进行拼音化的改革,即使其他条件已经具备(如语言统一)。因此,综合比较汉字与拼音文字的效能,权衡得失,我们现在还看不到拼音文字有替代汉字而成为汉民族的正式文字的必要和可能。

本章知识框架图

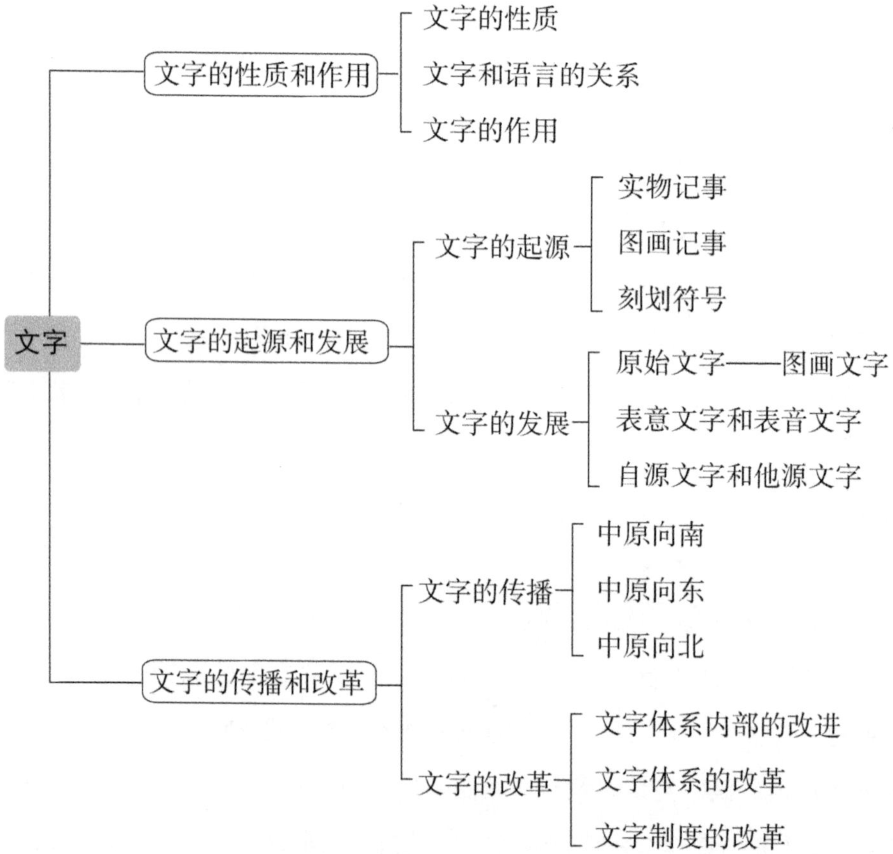

- 文字
  - 文字的性质和作用
    - 文字的性质
    - 文字和语言的关系
    - 文字的作用
  - 文字的起源和发展
    - 文字的起源
      - 实物记事
      - 图画记事
      - 刻划符号
    - 文字的发展
      - 原始文字——图画文字
      - 表意文字和表音文字
      - 自源文字和他源文字
  - 文字的传播和改革
    - 文字的传播
      - 中原向南
      - 中原向东
      - 中原向北
    - 文字的改革
      - 文字体系内部的改进
      - 文字体系的改革
      - 文字制度的改革

 思考题

1. 简述文字的性质和作用。

2. 简述语言和文字的关系。

3. 什么是表意文字,请举例说明。

4. 什么是表音文字?表音文字可以分为哪几类?请举例说明。

5. 举例说明汉字在境内外传播的三条主要路线。

6. 汉字体系需不需要改革,实现拼音化?你怎么看?

参考文献

[1] 张树铮. 语言学概论[M]. 武汉:武汉大学出版社,2012.

[2] 王华,崔俊影,经芳. 语言学[M]. 延吉:延边大学出版社,2018.

[3] 池昌海. 现代语言学导论[M]. 杭州:浙江大学出版社,2014.

[4] 申小龙. 语言学纲要[M]. 上海:复旦大学出版社,2003.

[5] 王鸿滨. 语言学通论[M]. 北京:中国广播影视出版社,2016.

[6] 王远新. 语言学教程[M]. 北京:中央民族大学出版社,2017.

[7] 井凤芝,郑张清. 语言学[M]. 昆明:云南人民出版社,2012.

[8] 胡壮麟. 语言学教程[M]. 北京:北京大学出版社,2019.

[9] 叶蜚声,徐通锵. 语言学纲要[M]. 王洪君,李娟,修订. 北京:北京大学出版社,2010.

[10] 胡晓研. 语言学概论[M]. 长春:东北师范大学出版社,2007.

[11] 汪大昌. 普通语言学纲要[M]. 北京:北京大学出版社,2015.

[12] 刘富华,孙玮. 语言学通论[M]. 北京:北京语言大学出版社,2009.

[13] 王希杰. 汉语词汇学[M]. 北京:商务印书馆,2017.

[14] 贾彦德. 汉语语义学[M]. 北京:北京大学出版社,1999.

[15] 李红营. 汉语语用学[M]. 郑州:河南大学出版社,2022.

[16] 王渝光,王兴中. 语言学概论[M]. 昆明:云南大学出版社,2005.

[17] 黄伯荣,廖旭东. 现代汉语:上册[M]. 北京:高等教育出版社,2017.

[18] 黄伯荣,廖旭东. 现代汉语:下册[M]. 北京:高等教育出版社,2017.

[20] 周芸,邓瑶,周春林. 现代汉语导论[M]. 北京:北京大学出版

社,2011.

[21]骆小所.现代汉语引论[M].昆明:云南大学出版社,2005.

[22]何自然,冉永平.新编语用学概论[M].北京:北京大学出版社,2009.

[23]李婕,何自然,霍永寿.语用学十二讲[M].上海:华东师范大学出版社,2010.

[24]王德春.修辞学探索[M].北京:北京出版社,1983.

[25]张志公.现代汉语[M].北京:人民教育出版社,1985.

[26]何兆熊.新编语用学概要[M].上海:上海外语教育出版社,1999.

[27]王建华.关于语境的构成和分类[J].语言文字应用,2002(3).

[28]Carnap, R. Introduction to Semantics [M]. Cambridge:MIT Press, 1948.

[29]Levinson, S. C. Pragmatics [M]. Cambridge:Cambridge University Press, 1983.

[30]Malinowski, B. The Problem of Meaning in Primitive Language [A]. In C, Ogden & I, Richards (eds.) The Meaning of Meaning [C]. London:Kegan Paul,1923.

附 录

(核心概念页码索引)

B

表意文字 213

表音文字 214

C

词汇 73

F

符号 28

H

话轮 167

J

聚合关系 36

基本词汇 81

借词 186

K

克里奥尔语 192

L

历史比较语言学 4

P

毗邻语对 168

Q

亲属语言 183

R

人际互动 12

任意性 32

S

索绪尔 5

思维 15

思想 16

社会方言 181

T

他源文字 215

W

文字 200

X

信息传递 9

线条性 33

Y

语言学 1

语文学 2

语言的信息传递功能 9

语言的人际互动功能 12

语言 26

言语 26

语言符号的任意性 32

语言符号的线条性 33

语音 41

音标 44

音素 53

音位 61

语流音变 69
一般词汇 82
语法 95
语法单位 101
语法意义 111
语法范畴 112
语法形式 119
语法手段 120
义素 131
义位 131
语义场 140
预示语列 169
语言联盟 188
语言替换 189
洋泾浜 191

Z

组合关系 36
自源文字 215